DR. OETKER
LANDREZEPTE

Einmachen

DR. OETKER

LANDREZEPTE

Einmachen

Vorwort

Ist Einmachen von gestern?

Wenn wir heute einmachen, dient dies weniger der Vorratshaltung als vielmehr der Möglichkeit eigene Geschmacks-Welten zu verwirklichen. Wir realisieren unsere Vorstellungen von etwas Besonderem – für uns und für Menschen, die uns am Herzen liegen. In jedem Glas eingemachter Leckereien steckt immer auch ein Stück der Liebe derer, die sie zubereitet haben.

Konfitüre, Marmelade und Gelee, Chutney, Relish und Pickles, marinierte Köstlichkeiten, süßsauer Eingelegtes, Ketchup und Senf – hier finden Sie süße und pikante Köstlichkeiten, die Ihren Speiseplan bereichern.

Selbst gemachte Leckereien liegen voll im Trend – wir zeigen, dass Einkochen, Einlegen und Einmachen gut in die heutige Zeit passen.

Mit Zutaten von Apfel bis Zitrone bzw. Champignon bis Zwiebel kann jede Obst- und Gemüsesorte mit Kräutern und Gewürzen in raffinierte Marmeladen, Gelees, Kompott, Relish, Chutneys oder pikante Beilagen nach Ihrem Geschmack verwandelt werden.

Alle Rezepte wurden ausprobiert und so beschrieben, dass sie Ihnen sicher gelingen.

Viel Spaß beim Ausprobieren, Schmecken und Genießen!

Konfitüre, Marmelade, Gelee

Mehr als Aufstrich fürs Frühstücksbrötchen

Heidelbeerkonfitüre mit Vanille

 Fruchtig – raffiniert

etwa 7 Gläser je 200 ml

1 kg TK-Heidelbeeren

500 ml Orangensaft (Handelsware)

1 Pck. Dr. Oetker Finesse Bourbon-Vanille-Aroma

500 g Super Gelierzucker 3 : 1

Zubereitungszeit:
15 Minuten, ohne Auftauzeit
Haltbarkeit: kühl und dunkel gestellt
etwa 1 Jahr

1. Heidelbeeren nach Packungsanleitung auftauen lassen, dabei den entstehenden Saft auffangen.

2. Die Heidelbeeren mit dem eigenen Saft, Orangensaft und Vanille-Aroma in einem großen Kochtopf mit Super Gelierzucker gut verrühren. Die Zutaten unter Rühren bei starker Hitze zum Kochen bringen und unter ständigem Rühren mindestens 3 Minuten sprudelnd kochen lassen. Den Topf von der Kochstelle nehmen.

3. Das Kochgut evtl. abschäumen und sofort randvoll in vorbereitete Gläser füllen. Die Gläser mit Twist-off-Deckeln® verschließen, umdrehen und etwa 5 Minuten auf den Deckeln stehen lassen.

Variante: Beschwipste Heidelbeerkonfitüre mit Vanille. 100 ml Orangensaft kann durch 100 ml Rum (37 Vol.-%) ersetzt werden. Den Rum jedoch erst nach dem Kochen unter die Konfitüre rühren.

Tipp: Anstelle von TK-Heidelbeeren können Sie auch frische Kulturheidelbeeren verwenden. Dann sollten Sie allerdings die Hälfte der Beeren pürieren. ••

Insgesamt: E: 10 g, F: 7 g, Kh: 599 g, kJ: 10961, kcal: 2586, BE: 50,0

Orangen-Möhren-Konfitüre mit Cashewkernen

Raffiniert – für Kinder

etwa 7 Gläser je 200 ml

500 g Möhren
(von etwa 600 g Möhren,
vorbereitet gewogen)

2 Bio-Orangen
(unbehandelt, ungewachst)

500 g Orangenfilets mit -saft
(von den Bio-Orangen und
3–4 weiteren Orangen,
vorbereitet gewogen)

1 Beutel Gelfix Classic 1 : 1 (20 g)

1150 g Zucker

3 EL Zitronensaft

3 EL grob gehackte Cashewkerne

Zubereitungszeit: 60 Minuten
Haltbarkeit: kühl und dunkel gestellt
3–4 Monate

1. Die Möhren putzen, schälen, abspülen, abtropfen lassen, auf einer Haushaltsreibe sehr fein reiben und 500 g abwiegen.

2. Die Bio-Orangen heiß abwaschen, abtrocknen und die Schale mit einem Zestenreißer abziehen. Oder die Schale dünn abschälen und anschließend in feine Streifen schneiden.

3. Alle Orangen (5–6 Stück) so schälen, dass die weiße Haut vollständig entfernt wird. Orangen filetieren und in Stücke schneiden, dabei den Saft auffangen. Von den Orangenstücken und dem aufgefangenen Saft insgesamt 500 g abwiegen.

4. Geriebene Möhren, Orangenstücke, -saft und -schale in einen großen Kochtopf geben. Gelfix Classic zuerst mit 2 Esslöffeln der abgewogenen Zuckermenge mischen, dann mit der Möhren-Orangen-Masse gut verrühren.

5. Die Zutaten unter Rühren bei starker Hitze zum Kochen bringen. Sobald alles bei ständigem Rühren sprudelnd kocht, restlichen Zucker hinzufügen. Alles unter Rühren wieder zum Kochen bringen und unter ständigem Rühren mindestens 3 Minuten sprudelnd kochen lassen. Den Topf von der Kochstelle nehmen. Zitronensaft und Cashewkerne unterrühren.

6. Das Kochgut evtl. abschäumen und sofort randvoll in vorbereitete Gläser füllen. Die Gläser mit Twist-off-Deckeln® verschließen, umdrehen und etwa 5 Minuten auf den Deckeln stehen lassen.

Insgesamt: E: 20 g, F: 24 g, Kh: 1255 g, kJ: 22473, kcal: 5374, BE: 104,5

Sanddorngelee

Etwas Besonderes

etwa 4 Gläser je 200 ml

660 ml Sanddorn-Direktsaft
(100 %, aus der Flasche)

90 ml Orangensaft (Handelsware)

1 Beutel Gelfix Extra 2 : 1 (25 g)

400 g Zucker

Zubereitungszeit: 25 Minuten
Haltbarkeit: kühl und dunkel gestellt
3–4 Monate

1. Sanddorn-Direktsaft und Orangensaft in einen großen Kochtopf geben. Gelfix Extra mit Zucker mischen und mit dem Saft gut verrühren.

2. Die Zutaten unter Rühren bei starker Hitze zum Kochen bringen und unter ständigem Rühren mindestens 3 Minuten sprudelnd kochen lassen. Den Topf von der Kochstelle nehmen.

3. Das Kochgut evtl. abschäumen und sofort randvoll in vorbereitete Gläser füllen. Die Gläser mit Twist-off-Deckeln® verschließen, umdrehen und etwa 5 Minuten auf den Deckeln stehen lassen.

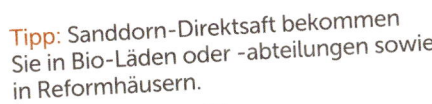

Tipp: Sanddorn-Direktsaft bekommen Sie in Bio-Läden oder -abteilungen sowie in Reformhäusern.

••

Insgesamt: E: 7 g, F: 16 g, Kh: 432 g, kJ: 8095, kcal: 1937, BE: 36,0

Tipp: Die Konfitüre schmeckt gut zu Vanilleeis mit Schokoladensauce. Statt gelber Pflaumen können auch Renekloden verwendet werden. ••

Gelbe Pflaumenkonfitüre mit Lavendelblüten

 Süße Geschenkidee

etwa 7 Gläser je 200 ml

1 kg gelbe Pflaumen
(von etwa 1400 g Pflaumen,
vorbereitet gewogen)

1 Bio-Orange
(unbehandelt, ungewachst)

400 g Orangenfilets mit -saft
(vorbereitet gewogen,
von der Bio-Orange und
2–3 weiteren Orangen)

**etwa 5 Stängel getrocknete
Lavendelblüten (unbehandelt)**

**oder 1 EL frische Lavendelblüten
(unbehandelt)**

500 g Super Gelierzucker 3 : 1

Zubereitungszeit: 50 Minuten
Haltbarkeit: kühl und dunkel gestellt
3–4 Monate

1. Pflaumen abspülen, trocken tupfen, halbieren und entsteinen. 1 kg Fruchtfleisch abwiegen und in kleine Würfel schneiden.

2. Die Bio-Orange heiß abwaschen und abtrocknen. Die Schale möglichst dünn abschälen und in kurze, feine Streifen schneiden. Alle Orangen, auch die Bio-Orange, so schälen, dass die weiße Haut vollständig entfernt wird. Orangenfilets herausschneiden, dabei den Saft auffangen. Von den Orangenfilets und dem aufgefangenen Saft insgesamt 400 g abwiegen. Die Orangenfilets in kleine Stücke schneiden.

3. Die Lavendelblüten von den Stängeln streifen.

4. Pflaumenwürfel, Orangenfiletstücke, Orangensaft und -schale mit Super Gelierzucker in einem großen Kochtopf gut verrühren.

5. Die Zutaten unter Rühren bei starker Hitze zum Kochen bringen und unter ständigem Rühren mindestens 3 Minuten sprudelnd kochen lassen. Den Topf von der Kochstelle nehmen.

6. Das Kochgut evtl. abschäumen. Die Lavendelblüten unter die Konfitüre rühren und sofort randvoll in vorbereitete Gläser füllen. Gläser mit Twist-off-Deckeln® verschließen, umdrehen und etwa 5 Minuten auf den Deckeln stehen lassen.

Insgesamt: E: 11 g, F: 3 g, Kh: 635 g, kJ: 11202, kcal: 2648, BE: 53,0

Schlehen-Apfel-Konfitüre

Gut vorzubereiten

etwa 7 Gläser je 200 ml

1 kg Schlehen (vorbereitet gewogen)

500 ml kochendes Wasser

200 g Apfelstücke (von etwa 2 Äpfeln, vorbereitet gewogen)

1 Beutel Gelfix Classic 1 : 1 (20 g)

1150 g Zucker

Zubereitungszeit:
60 Minuten, ohne Abkühlzeit
Haltbarkeit: kühl und dunkel gestellt
etwa 1 Jahr

1. Schlehen entstielen, abspülen, gut abtropfen lassen und 1 kg abwiegen. Schlehen in eine Schüssel geben, mit kochendem Wasser übergießen und erkalten lassen. Dann die Flüssigkeit abgießen, auffangen und kurz aufkochen lassen. Die Flüssigkeit wieder über die Früchte geben und diesen Vorgang noch einmal wiederholen.

2. Die erkaltete Fruchtmasse durch ein Sieb streichen, sodass der Rückstand vollkommen trocken ist. Von der Fruchtmasse 800 g abwiegen.

3. Äpfel schälen, vierteln, entkernen, in sehr kleine Stücke schneiden und 200 g abwiegen.

4. Die Schlehen-Fruchtmasse und die Apfelstücke in einen großen Kochtopf geben. Gelfix Classic zuerst mit 2 Esslöffeln der abgewogenen Zuckermenge mischen, dann mit der Fruchtmasse verrühren.

5. Die Fruchtmasse unter Rühren bei starker Hitze zum Kochen bringen. Sobald alles bei ständigem Rühren sprudelnd kocht, restlichen Zucker hinzufügen.

6. Alles unter Rühren wieder zum Kochen bringen und unter ständigem Rühren mindestens 3 Minuten sprudelnd kochen lassen. Den Topf von der Kochstelle nehmen.

7. Das Kochgut evtl. abschäumen und sofort randvoll in vorbereitete Gläser füllen. Die Gläser mit Twist-off-Deckeln® verschließen, umdrehen und etwa 5 Minuten auf den Deckeln stehen lassen.

Insgesamt: E: 3 g, F: 3 g, Kh: 1209 g, kJ: 20635, kcal: 4936, BE: 101,0

Tipps: Das Apfelgelee kann auch aus selbst entsaftetem, klarem Apfelsaft zubereitet werden. Dazu benötigen Sie etwa 1 ½ kg Äpfel. Statt mit Zucker oder Fruchtzucker können Sie das Gelee auch mit 25 ml Flüssigsüße zubereiten. Dazu die vorbereiteten Möhren und den Saft in einen großen Kochtopf geben, mit Gelfix Super und der abgemessenen Flüssigsüße verrühren und wie im Rezept beschrieben weiter zubereiten.

Apfelgelee mit Möhren

Raffiniert

etwa 4 Gläser je 200 ml

70 g Möhren (von etwa 1 Möhre, vorbereitet gewogen)

830 ml klarer Apfelsaft (Handelsware)

350 g Zucker oder Fruchtzucker

1 Beutel Gelfix Super 3 : 1 (25 g)

Zubereitungszeit: 25 Minuten
Haltbarkeit: kühl und dunkel gestellt etwa 1 Jahr

1. Möhre putzen, schälen, abspülen und abtropfen lassen. Die Möhre in feine Streifen schneiden oder grob raspeln und 70 g abwiegen.

2. Apfelsaft und Möhrenstreifen in einen großen Kochtopf geben. Das abgewogene Süßungsmittel (Zucker oder Fruchtzucker) mit Gelfix Super mischen, dann mit dem Saft gut verrühren.

3. Alles unter Rühren bei starker Hitze zum Kochen bringen und unter ständigem Rühren mindestens 3 Minuten sprudelnd kochen lassen. Den Topf von der Kochstelle nehmen.

4. Das Kochgut evtl. abschäumen und sofort randvoll in vorbereitete Gläser füllen. Gläser mit Twist-off-Deckeln® verschließen, umdrehen und etwa 5 Minuten auf den Deckeln stehen lassen.

5. Gläser während des Erkaltens gelegentlich umdrehen, damit sich die Möhrenstreifen besser verteilen.

Variante. Apfelgelee mit Möhren- und Limettenstreifen. Eine Bio-Limette (unbehandelt, ungewachst) heiß abwaschen, abtrocknen und dünn schälen oder die Schale mit einem Zestenreißer abziehen. Dann die Schale in sehr feine Streifen schneiden. Rühren Sie die Limettenstreifen direkt nach dem Kochen unter das heiße Gelee. Allerdings verkürzt sich dadurch die Haltbarkeit des Gelees.

Insgesamt: E: 1 g, F: 0 g, Kh: 465 g, kJ: 7959, kcal: 1903, BE: 39,0

Brombeerkonfitüre

 *Klassisch*

etwa 7 Gläser je 200 ml
**1 kg Brombeeren
(von etwa 1200 g Brombeeren,
vorbereitet gewogen)**
1 Beutel Gelfix Classic 1 : 1 (20 g)
1150 g Zucker
Zubereitungszeit: 45 Minuten
Haltbarkeit: kühl und dunkel gestellt
etwa 1 Jahr

1. Die Brombeeren verlesen, evtl. Blütenansätze entfernen. Brombeeren vorsichtig
abspülen, gut abtropfen lassen und 1 kg
abwiegen. Die Brombeeren zerdrücken,
am besten mit einem Stampfer oder
Pürierstab zerkleinern.

2. Brombeermus in einen großen Kochtopf
geben. Gelfix Classic zuerst mit 2 Esslöffeln der abgewogenen Zuckermenge
mischen, dann mit dem Brombeermus gut
verrühren.

3. Die Zutaten unter Rühren bei starker
Hitze zum Kochen bringen. Sobald alles
bei ständigem Rühren sprudelnd kocht,
restlichen Zucker hinzufügen. Alles unter
Rühren wieder zum Kochen bringen und
unter ständigem Rühren mindestens
3 Minuten sprudelnd kochen lassen. Den
Topf von der Kochstelle nehmen.

4. Kochgut evtl. abschäumen und sofort
randvoll in vorbereitete Gläser füllen.
Gläser mit Twist-off-Deckeln® verschließen, umdrehen und etwa 5 Minuten auf
den Deckeln stehen lassen.

Tipp: Nach Belieben 3 Esslöffel Gin
unter die fertige Konfitüre rühren.
● ●

Birnen-Möhren-Konfitüre mit rosa Pfefferbeeren

Zum Verschenken

etwa 5 Gläser je 200 ml

**600 g reife Birnen
(von etwa 5 Birnen,
vorbereitet gewogen)**

**250 g fein geraspelte Möhren
(von etwa 300 g Möhren,
vorbereitet gewogen)**

**50 ml klarer Apfelsaft
(Handelsware)**

1 geh. TL rosa Pfefferbeeren

500 g Extra Gelierzucker 2 : 1

Zubereitungszeit: 45 Minuten
Haltbarkeit: kühl und dunkel gestellt
3–4 Monate

1. Die Birnen schälen, vierteln, entkernen, in kleine Stücke schneiden und 600 g abwiegen. Möhren putzen, schälen, abspülen, abtropfen lassen, auf einer Haushaltsreibe fein raspeln und 250 g abwiegen.

2. Birnenstücke mit den Möhrenraspeln, Apfelsaft und Pfefferbeeren in einem großen Kochtopf vermischen. Extra Gelierzucker gut unterrühren.

3. Die Zutaten unter Rühren bei starker Hitze zum Kochen bringen und unter ständigem Rühren mindestens 3 Minuten sprudelnd kochen lassen. Den Topf von der Kochstelle nehmen.

4. Das Kochgut evtl. abschäumen und sofort randvoll in vorbereitete Gläser füllen. Die Gläser mit Twist-off-Deckeln® verschließen, umdrehen und etwa 5 Minuten auf den Deckeln stehen lassen.

Insgesamt: E: 6 g, F: 3 g, Kh: 602 g, kJ: 10413, kcal: 2459, BE: 50,0

Scharfe Aprikosenkonfitüre

Mit Alkohol

5–6 Gläser je 200 ml

650 g Aprikosen
(von etwa 800 g Aprikosen,
vorbereitet gewogen)

30 g rote Peperoni
(von etwa 3 Stück,
vorbereitet gewogen)

350 ml Cidre oder Apfelsaft
(Handelsware)

1 Pck. Zitronensäure (5 g)

500 g Zucker

1 Beutel Gelfix Extra 2 : 1 (25 g)

Zubereitungszeit: 35 Minuten
Haltbarkeit: kühl und dunkel gestellt
3–4 Monate

1. Aprikosen abspülen, abtropfen lassen, halbieren, entsteinen, in kleine Stücke schneiden und 650 g abwiegen. Peperoni halbieren, entstielen, entkernen und die weißen Scheidewände entfernen. Peperoni abspülen, abtropfen lassen, in sehr kleine Würfel schneiden und 30 g abwiegen.

2. Aprikosenstücke, Peperoniwürfel, Cidre oder Apfelsaft und Zitronensäure in einen großen Kochtopf geben. Zucker mit Gelfix Extra mischen, dann mit der Fruchtmasse verrühren.

3. Die Zutaten unter Rühren bei starker Hitze zum Kochen bringen und unter ständigem Rühren mindestens 3 Minuten sprudelnd kochen lassen. Den Topf von der Kochstelle nehmen.

4. Das Kochgut evtl. abschäumen und sofort randvoll in vorbereitete Gläser füllen. Die Gläser mit Twist-off-Deckeln® verschließen, umdrehen und etwa 5 Minuten auf den Deckeln stehen lassen.

Tipp: Die Schärfe der Peperoni lässt im Laufe der Lagerzeit etwas nach.
••

Insgesamt: E: 7 g, F: 1 g, Kh: 596g, kJ: 10620, kcal: 2542, BE 49,5

Brombeer-Birnen-Konfitüre

 *Herb – fruchtig – ein Genuss*

4–5 Gläser je 200 ml

600 g Brombeeren
(von etwa 700 g Brombeeren,
vorbereitet gewogen)

400 g reife Birnen
(von etwa 3 Birnen,
vorbereitet gewogen)

350 g Zucker oder Fruchtzucker

1 Beutel Dr. Oetker
Gelfix Super 3 : 1 (25 g)

Zubereitungszeit: 25 Minuten
Haltbarkeit: kühl und dunkel gestellt
etwa 1 Jahr

1. Brombeeren verlesen, evtl. kurz abspülen und abtropfen lassen. Evtl. Blütenansätze entfernen und 600 g Beeren abwiegen. Birnen schälen, vierteln, entkernen, klein schneiden und 400 g abwiegen.

2. Brombeeren und Birnenstücke in einen großen Kochtopf geben. Abgewogenes Süßungsmittel (Zucker oder Fruchtzucker) mit Gelfix Super mischen, dann mit der Fruchtmasse gut verrühren.

3. Die Zutaten unter Rühren bei starker Hitze zum Kochen bringen und unter ständigem Rühren mindestens 3 Minuten sprudelnd kochen lassen. Den Topf von der Kochstelle nehmen.

4. Das Kochgut evtl. abschäumen und sofort randvoll in vorbereitete Gläser füllen. Gläser mit Twist-off-Deckeln® verschließen, umdrehen und etwa 5 Minuten auf den Deckeln stehen lassen.

Variante: Brombeer-Birnen-Konfitüre mit Thymian. Um der Konfitüre eine noch interessantere Note zu verleihen, können Sie nach 2 Minuten Kochzeit 1 Esslöffel gerebelten Thymian hinzufügen und 1 Minute mitkochen lassen. Die Haltbarkeit der Konfitüre wird jedoch durch die Zugabe von Thymian verkürzt (Haltbarkeit 3–4 Monate).

Tipps: Wenn Sie keine Kerne in Ihrer Konfitüre möchten, streichen Sie etwa 1000 g Brombeeren vor dem Kochen durch ein Sieb und wiegen 600 g ab. Statt mit Zucker oder Fruchtzucker können Sie die Konfitüre mit 25 ml Flüssigsüße zubereiten. Dazu die vorbereiteten Früchte in einen großen Kochtopf geben, mit Gelfix Super und der abgemessenen Flüssigsüße verrühren und wie im Rezept angegeben fortfahren.

••

Insgesamt: E: 9 g, F: 7 g, Kh: 455 g, kJ: 7988, kcal: 1907, BE: 38,0

Tipp: Sofort nach dem Kochen der Konfitüre 4 Esslöffel Zwetschenwasser unter die Konfitüre rühren.

••

auf →

Mirabellenkonfitüre

 Gut vorzubereiten

etwa 5 Gläser je 200 ml

1 kg Mirabellen (von etwa 1500 g Mirabellen, vorbereitet gewogen)

1 Beutel Gelfix Classic 1 : 1 (20 g)

1150 g Zucker

Zubereitungszeit: 45 Minuten
Haltbarkeit: kühl und dunkel gestellt etwa 1 Jahr

1. Die Mirabellen abspülen, gut abtropfen lassen, entstielen, halbieren und entsteinen. Mirabellenhälften in kleine Stücke schneiden, 1 kg abwiegen und in einen großen Kochtopf geben.

2. Gelfix Classic zuerst mit 2 Esslöffeln der abgewogenen Zuckermenge mischen, dann mit den Fruchtstückchen gut verrühren.

3. Die Zutaten unter Rühren bei starker Hitze zum Kochen bringen. Sobald alles bei ständigem Rühren sprudelnd kocht, restlichen Zucker hinzufügen.

4. Alles unter Rühren wieder zum Kochen bringen und unter ständigem Rühren mindestens 3 Minuten sprudelnd kochen lassen. Den Topf von der Kochstelle nehmen.

5. Das Kochgut evtl. abschäumen und sofort randvoll in vorbereitete Gläser füllen. Gläser mit Twist-off-Deckeln® verschließen, umdrehen und etwa 5 Minuten auf den Deckeln stehen lassen.

Insgesamt: E: 7 g, F: 2 g, Kh: 1294 g, kJ: 22114, kcal: 5283, BE: 108

Holunder-Trauben-Gelee mit Quitten

Raffiniert

etwa 6 Gläser je 200 ml

500 ml Holunderbeersaft
(ungesüßt, von etwa 1400 g
Holunderbeeren oder
Handelsware)

250 g Quitten
(von etwa 2 Quitten,
vorbereitet gewogen)

500 ml heller Traubensaft
(ungesüßt, Handelsware)

500 g Super Gelierzucker 3 : 1

Zubereitungszeit: 30 Minuten,
ohne Entsaftungs- und Abkühlzeit
Haltbarkeit: kühl und dunkel gestellt
etwa 1 Jahr

1. Die Holunderbeeren an der Dolde abspülen, abtropfen lassen und mithilfe eines Schnellkochtopfes oder Dampfentsafters Saft gewinnen (Gebrauchsanleitung des Geräteherstellers beachten). Saft abkühlen lassen und 500 ml abmessen.

2. Quitten mit einem Tuch trocken abreiben, um den Flaum zu entfernen. Quitten abspülen, abtropfen lassen, halbieren, Kerne und Blütenansätze entfernen. Quittenhälften in kleine Stücke schneiden und 250 g abwiegen.

3. Holunder-, Traubensaft und Quittenstücke in einem großen Kochtopf mit Super Gelierzucker gut verrühren. Die Zutaten unter Rühren bei starker Hitze zum Kochen bringen und unter ständigem Rühren mindestens 3 Minuten sprudelnd kochen lassen. Den Topf von der Kochstelle nehmen.

4. Das Kochgut evtl. abschäumen und sofort randvoll in vorbereitete Gläser füllen. Gläser mit Twist-off-Deckeln® verschließen, umdrehen und etwa 5 Minuten auf den Deckeln stehen lassen.

5. Die Gläser während des Erkaltens gelegentlich umdrehen, damit sich die Quittenstücke besser verteilen.

Variante 1: **Holunder-Weißwein-Gelee.** Bereiten Sie das Gelee statt mit Traubensaft mit Weißwein zu.

Variante 2: **Holunder-Trauben-Gelee mit Birnen.** Ersetzen Sie die Quittenstücke durch Birnenstücke, die Birnen jedoch vorher schälen.

Insgesamt: E: 8 g, F: 12 g, Kh: 625 g, kJ: 11324, kcal: 2675, BE: 52,0

Tipp: Kräutergelee zu Käse, z. B. Brie-Käse oder italienischem Weichkäse, reichen. Die Haltbarkeit des Gelees wird durch die Zugabe der Kräuter verkürzt.
••

Kräutergelee

Raffiniert – würzig

etwa 5 Gläser je 200 ml
1 Bio-Zitrone
(unbehandelt, ungewachst)
1 Zweig Rosmarin
1 Zweig Zitronenthymian
1 Zweig Salbei
1 Zweig Basilikum
1 l klarer Apfelsaft (Handelsware)
500 g Extra Gelierzucker 2 : 1
1 Pck. Zitronensäure (5 g)
5 kleine Salbeiblättchen
4 Basilikumblättchen
2 Zweige Zitronenthymian
1 Zweig Rosmarin

Zubereitungszeit: 30 Minuten,
ohne Abkühlzeit
Haltbarkeit: kühl und dunkel gestellt
3–4 Monate

1. Die Zitrone heiß abwaschen und abtrocknen. Ein Viertel der Schale mit einem Messer dünn abschälen. Kräuterzweige abspülen und trocken tupfen.

2. Den Apfelsaft mit gut der Hälfte der Zitronenschale (restliche Zitronenschale beiseitelegen) und den Kräuterzweigen in einem Topf zum Kochen bringen und etwa 10 Minuten bei mittlerer Hitze kochen lassen. Den Topf von der Kochstelle nehmen. Kräuter-Apfel-Flüssigkeit erkalten lassen.

3. Anschließend die Kräuter-Apfel-Flüssigkeit durch ein Sieb in einen Topf gießen und 900 ml abmessen.

4. Die abgemessene Kräuter-Apfel-Flüssigkeit mit Extra Gelierzucker und Zitronensäure in einen großen Kochtopf geben und gut verrühren.

5. Die beiseitegelegte Zitronenschale in 5–6 Stücke schneiden und unterrühren. Die Zutaten unter Rühren bei starker Hitze zum Kochen bringen und unter ständigem Rühren mindestens 2 Minuten sprudelnd kochen lassen.

6. Kräuterblättchen und -zweige abspülen, trocken tupfen (Zitronenthymian- und Rosmarinzweige evtl. etwas zerkleinern), hinzufügen und unter ständigem Rühren mindestens 1 Minute sprudelnd mitkochen lassen. Den Topf von der Kochstelle nehmen.

7. Das Kochgut evtl. abschäumen und sofort randvoll in vorbereitete Gläser füllen. Darauf achten, dass in jedem Glas jeweils 1 Stück Zitronenschale und unterschiedliche Kräuter sind.

8. Die Gläser mit Twist-off-Deckeln® verschließen, umdrehen und etwa 5 Minuten auf den Deckeln stehen lassen.

9. Die Gläser während des Erkaltens gelegentlich umdrehen, damit sich die Zitronenschale und die Kräuter gut verteilen.

Insgesamt: E: 1 g, F: 0 g, Kh: 594 g, kJ: 10306, kcal: 2434, BE: 49,5

Feigen-Weintrauben-Konfitüre

Mit Alkohol – für Gäste

etwa 7 Gläser je 200 ml

1 kg frische, reife, blaue Feigen
(vorbereitet gewogen, etwa 12 Stück
je etwa 100 g)

300 g kernlose, blaue Weintrauben
(vorbereitet gewogen)

100 ml Rotwein

100 ml Cassislikör
(Schwarzer Johannisbeerlikör)

500 g Super Gelierzucker 3 : 1

Zubereitungszeit: 40 Minuten
Haltbarkeit: kühl und dunkel gestellt
3–4 Monate

1. Die Feigen abspülen, abtropfen lassen, entstielen, schälen, in kleine Stücke schneiden und 1 kg abwiegen. Die Weintrauben abspülen, gut abtropfen lassen, entstielen, halbieren, in Stücke schneiden und 300 g abwiegen.

2. Vorbereitete Fruchtstücke mit Wein und Likör in einen großen Kochtopf geben, mit Super Gelierzucker verrühren. Die Zutaten unter Rühren bei starker Hitze zum Kochen bringen und unter ständigem Rühren mindestens 3 Minuten sprudelnd kochen lassen. Den Topf von der Kochstelle nehmen.

3. Das Kochgut evtl. abschäumen und sofort randvoll in vorbereitete Gläser füllen.

4. Die Gläser mit Twist-off-Deckeln® verschließen, umdrehen und etwa 5 Minuten auf den Deckeln stehen lassen.

Tipps: Statt Cassislikör nur Rotwein verwenden. Für Kinder den Rotwein und Likör durch roten Traubensaft ersetzen. Falls die Gelierprobe (1–2 Teelöffel von dem fertigen, heißen Kochgut auf einen Teller geben) nicht fest wird, 1 Päckchen Zitronensäure (5 g) gut unter die gekochte Konfitüre rühren und die Konfitüre in die Gläser füllen.

••

Insgesamt: E: 15 g, F: 6 g, Kh: 696 g, kJ: 13209, kcal: 3125, BE: 58,0

Pflaumenkonfitüre

Mit Alkohol

7–8 Gläser je 200 ml

1 kg gelbe Pflaumen
(von etwa 1400 g Pflaumen,
vorbereitet gewogen)

2 EL Zitronensaft

1 Beutel Gelfix Classic 1 : 1 (20 g)

1150 g Zucker

1 TL gem. Zimt

4 EL Zwetschenwasser

Zubereitungszeit: 65 Minuten
Haltbarkeit: kalt und dunkel gestellt
etwa 1 Jahr

1. Pflaumen abspülen, trocken tupfen, halbieren, entsteinen und 1 kg abwiegen. Die Hälfte der Pflaumen grob, die andere Hälfte klein würfeln.

2. Die grob gewürfelten Pflaumen pürieren. Pflaumenwürfel und -püree mit Zitronensaft in einen großen Kochtopf geben.

3. Gelfix Classic zuerst mit 2 Esslöffeln der abgewogenen Zuckermenge mischen, dann mit der Pflaumenmasse gut verrühren.

4. Das Kochgut unter Rühren bei starker Hitze zum Kochen bringen. Sobald alles bei ständigem Rühren sprudelnd kocht, restlichen Zucker hinzufügen.

5. Alles unter Rühren wieder zum Kochen bringen und unter ständigem Rühren mindestens 3 Minuten sprudelnd kochen lassen. Zimt unterrühren. Den Topf von der Kochstelle nehmen. Zwetschenwasser unterrühren.

6. Das Kochgut evtl. abschäumen und sofort randvoll in vorbereitete Gläser füllen. Die Gläser mit Twist-off-Deckeln® verschließen, umdrehen und etwa 5 Minuten auf den Deckeln stehen lassen.

Insgesamt: E: 6 g, F: 2 g, Kh: 1258 g, kJ: 21852, kcal: 5224, BE: 105,0

Tipp: Für eine schnelle Sauce zum Eis, einfach etwas Apfelsaft unter die Konfitüre rühren, evtl. erwärmen und zu Vanille- oder Joghurteis servieren.

..

Mispel-Himbeer-Konfitüre

Etwas Besonderes – süße Geschenkidee

Tipp: Die leuchtend orangefarbenen Mispeln erhalten Sie bei türkischen Gemüsehändlern meistens von Ende Mai bis Ende Juni. Anstelle von frischen Himbeeren können Sie auch TK-Himbeeren verwenden. Früchte einfach tiefgekühlt abwiegen, auftauen lassen und den entstehenden Saft bei der Zubereitung mitverwenden. ••

etwa 5 Gläser je 200 ml

200 g Himbeeren
(von etwa 250 g Himbeeren,
vorbereitet gewogen)

800 g Japanische Mispeln
(Loquats, von etwa 1200 g Mispeln,
vorbereitet gewogen)

500 g Extra Gelierzucker 2 : 1

Zubereitungszeit: 60 Minuten
Haltbarkeit: kühl und dunkel gestellt
etwa 6 Monate

1. Himbeeren verlesen, evtl. kurz abspülen, trocken tupfen und 200 g abwiegen.

2. Mispeln abspülen, abtropfen lassen, vierteln und entkernen. Von den Mispelvierteln die Haut abziehen und die Blütenreste entfernen (evtl. Handschuhe anziehen, da die Früchte leicht färben). Das Fruchtfleisch in sehr kleine Würfel schneiden und 800 g abwiegen.

3. Himbeeren und Mispel-Fruchtfleisch in einen großen Kochtopf geben, mit Extra Gelierzucker gut verrühren. Die Zutaten unter Rühren bei starker Hitze zum Kochen bringen und unter ständigem Rühren mindestens 3 Minuten sprudelnd kochen lassen. Den Topf von der Kochstelle nehmen.

4. Das Kochgut evtl. abschäumen und sofort randvoll in vorbereitete Gläser füllen. Gläser mit Twist-off-Deckeln® verschließen, umdrehen und etwa 5 Minuten auf den Deckeln stehen lassen.

Insgesamt:
E: 7 g, F: 2 g, Kh: 571 g, kJ: 10030, kcal: 2368, BE: 47,5

Mispel-Rhabarber-Konfitüre

Raffiniert

etwa 5 Gläser je 200 ml

500 g Rhabarber (von etwa 750 g
Rhabarber, vorbereitet gewogen)

500 g Japanische Mispeln
(Loquats, von etwa 800 g Mispeln,
vorbereitet gewogen)

4 FL Zitronensaft

1 Pck. Dr. Oetker Bourbon-
Vanille-Zucker

500 g Extra Gelierzucker 2 : 1

Zubereitungszeit: 60 Minuten
Haltbarkeit: kühl und dunkel gestellt
etwa 6 Monate

1. Rhabarber putzen, die Stielenden und Blattansätze entfernen. Rhabarberstangen evtl. abziehen, abspülen, abtropfen lassen, in kleine Würfel schneiden und 500 g abwiegen.

2. Mispeln abspülen, abtropfen lassen, vierteln und entkernen. Von den Mispelvierteln die Haut abziehen und die Blütenreste entfernen (evtl. Handschuhe anziehen, da die Früchte leicht färben.) Das Fruchtfleisch in sehr kleine Würfel schneiden, 500 g abwiegen und mit dem

Zitronensaft in einem großen Kochtopf vermischen. Vanille-Zucker und Gelierzucker gut unterrühren.

3. Die Zutaten unter Rühren bei starker Hitze zum Kochen bringen und unter ständigem Rühren mindestens 3 Minuten sprudelnd kochen lassen. Den Topf von der Kochstelle nehmen.

4. Das Kochgut evtl. abschäumen und sofort randvoll in vorbereitete Gläser füllen. Gläser mit Twist-off-Deckeln® verschließen, umdrehen und etwa 5 Minuten auf den Deckeln stehen lassen.

Insgesamt:
E: 6 g, F: 2 g, Kh: 551 g, kJ: 9710, kcal: 2289, BE: 46,0

Tipp: Im dekorativen Glas ist die Konfitüre ein schönes Geschenk. Die würzige Hagebuttenkonfitüre passt zu Wild- und Fleischgerichten.

••

Würzige Hagebuttenkonfitüre

 Raffiniert

etwa 7 Gläser je 200 ml

1 kg Hagebuttenmark
(von etwa 1800 g Hagebutten,
vorbereitet gewogen)

500 ml Wasser

1 Beutel Gelfix Classic 1 : 1 (20 g)

1150 g Zucker

3 Gewürznelken

Schale von ½ Bio-Zitrone
(unbehandelt, ungewachst)

½ TL gem. Zimt

1–2 EL Zitronensaft

Zubereitungszeit: 50 Minuten,
ohne Einweichzeit
Haltbarkeit: kühl und dunkel gestellt
3–4 Monate

1. Am Vorabend Hagebutten abspülen, gut abtropfen lassen und putzen. Die Stiele und Blüten jeweils von der Hagebutte mit einer Schere entfernen (unbedingt Handschuhe tragen). Von den geputzten Hagebutten etwa 1200 g abwiegen. Die Hagebutten mit dem Wasser in einen Topf geben und über Nacht stehen lassen.

2. Am nächsten Tag die Hagebutten mit dem Wasser zum Kochen bringen und zugedeckt etwa 25 Minuten bei schwacher Hitze weich kochen lassen.

3. Die Hagebuttenmasse durch ein Sieb streichen (das geht am besten mit dem Passierstab des Mixers), wobei die Kerne und Härchen zurückbleiben. Von dem so gewonnenen Hagebuttenmark 1 kg abwiegen (evtl. mit Wasser auffüllen).

4. Das Hagebuttenmark in einen großen Kochtopf geben. Gelfix Classic zuerst mit 2 Esslöffeln der abgewogenen Zuckermenge mischen, dann mit dem Hagebuttenmark verrühren.

5. Die Fruchtmasse unter Rühren bei starker Hitze zum Kochen bringen. Sobald alles bei ständigem Rühren sprudelnd kocht, restlichen Zucker, Nelken und Zitronenschale hinzufügen.

6. Alles unter Rühren wieder zum Kochen bringen und unter ständigem Rühren mindestens 3 Minuten sprudelnd kochen lassen. Den Topf von der Kochstelle nehmen. Zimt und Zitronensaft gut unterrühren.

7. Das Kochgut evtl. abschäumen und sofort randvoll in vorbereitete Gläser füllen. Die Gläser mit Twist-off-Deckeln® verschließen, umdrehen und etwa 5 Minuten auf den Deckeln stehen lassen.

Tipp für Eilige: Hagebuttenmark gibt es in gut sortierten Supermärkten oder im Reformhaus fertig zu kaufen. ● ●

Insgesamt: E: 35 g, F: 5 g, Kh: 1353 g, kJ: 24069, kcal: 5751, BE 113,0

Himbeer-Mango-Konfitüre

 *Süßer Genuss*

etwa 5 Gläser je 200 ml

600 g Himbeeren
(von etwa 700 g Himbeeren,
vorbereitet gewogen)

400 g Mango
(von etwa 2 Mangos,
vorbereitet gewogen)

500 g Extra Gelierzucker 2 : 1

Zubereitungszeit: 25 Minuten
Haltbarkeit: kühl und dunkel gestellt
3–4 Monate

1. Himbeeren verlesen, evtl. kurz abspülen, trocken tupfen und 600 g abwiegen. Von den Mangos das Fruchtfleisch vom Stein abschneiden. Fruchtfleisch schälen, in kleine Stücke schneiden und 400 g abwiegen.

2. Vorbereitete Früchte in einem großen Kochtopf mit Extra Gelierzucker gut verrühren. Die Zutaten unter Rühren bei starker Hitze zum Kochen bringen und unter ständigem Rühren mindestens 3 Minuten sprudelnd kochen lassen. Den Topf von der Kochstelle nehmen.

3. Das Kochgut evtl. abschäumen und sofort randvoll in vorbereitete Gläser füllen.

4. Die Gläser mit Twist-off-Deckeln® verschließen, umdrehen und etwa 5 Minuten auf den Deckeln stehen lassen.

Variante: Himbeer-Mango-Konfitüre mit Orangenlikör. Rühren Sie direkt nach dem Kochen 50 ml Orangenlikör (z. B. Cointreau, Grand Marnier) unter die Konfitüre.

Tipp: Anstelle von frischen Himbeeren können Sie auch TK-Himbeeren verwenden. Himbeeren tiefgekühlt abwiegen, auftauen lassen und den entstehenden Saft bei der Zubereitung mitverwenden.

••

Insgesamt: E: 10 g, F: 4 g, Kh: 571 g, kJ: 10246, kcal: 2420, BE: 47,5

Tipp: Gläser während des Erkaltens gelegentlich umdrehen, damit sich die Zitronenschale besser verteilt.

Zitronengelee mit Schale

Raffiniert – süße Geschenkidee

etwa 6 Gläser je 200 ml

30 g Zitronenschale
(von 2–3 Bio-Zitronen
[unbehandelt, ungewachst],
vorbereitet gewogen)

850 ml Zitronensaft
(von etwa 18 Zitronen)

1 Beutel Gelfix Classic 1 : 1 (20 g)

1 kg Zucker

Zubereitungszeit: 35 Minuten
Haltbarkeit: kühl und dunkel gestellt
etwa 1 Jahr

1. Bio-Zitronen heiß abwaschen, abtrocknen und die Schale mit einem Zestenreißer abziehen. Oder die Zitronen dünn schälen und die Schale in sehr feine Streifen schneiden. Von den Zitronenschalenstreifen 30 g abwiegen. Die Zitronen halbieren, den Saft auspressen und 850 ml Saft abmessen.

2. Zitronensaft und -schale in einen großen Kochtopf geben. Gelfix Classic zuerst mit 2 Esslöffeln der abgewogenen Zuckermenge mischen, dann mit dem Zitronensaft verrühren.

3. Die Zutaten unter Rühren bei starker Hitze zum Kochen bringen. Sobald alles bei ständigem Rühren sprudelnd kocht, restlichen Zucker hinzufügen. Alles unter Rühren wieder zum Kochen bringen und unter ständigem Rühren mindestens 3 Minuten sprudelnd kochen lassen. Den Topf von der Kochstelle nehmen.

4. Das Kochgut evtl. abschäumen und sofort randvoll in vorbereitete Gläser füllen. Gläser mit Twist-off-Deckeln® verschließen, umdrehen und etwa 5 Minuten auf den Deckeln stehen lassen.

Variante 1: Zitronen-Minz-Gelee.
Um dem Gelee eine frische Note zu verleihen, können Sie nach 2 Minuten Kochzeit 1 gehäuften Esslöffel gehackte Minze hinzufügen und noch 1 Minute mitkochen lassen.

Variante 2: Zitronen-Limetten-Gelee.
Ersetzen Sie die Zitronenschale durch die Zesten von 1 Bio-Limette (unbehandelt, ungewachst). Reduzieren Sie den Zitronensaft um 40 ml und ersetzen Sie ihn durch den ausgepressten Saft der Limette.

Insgesamt: E: 4 g, F: 1 g, Kh: 1030 g, kJ: 17964, kcal: 4296, BE: 86,0

Tipps: Die Haltbarkeit wird durch die Zugabe von Walnusskernen verkürzt. Anstelle von frischem Rhabarber kann auch TK-Rhabarber verwendet werden. Gefrorenen Rhabarber abwiegen, auftauen lassen, grob pürieren und den bei der Zubereitung entstehenden Saft mitverwenden.

••

Rhabarber-Apfel-Konfitüre mit Walnüssen

 Raffiniert

etwa 5 Gläser je 200 ml

500 g Rhabarber
(von etwa 750 g Rhabarber,
vorbereitet gewogen)

50 g Walnusskerne

500 ml Apfelsaft (Handelsware)

1 Pck. Zitronensäure (5 g)

500 g Zucker

1 Beutel Gelfix Extra 2 : 1 (25 g)

Zubereitungszeit: 25 Minuten
Haltbarkeit: kühl und dunkel gestellt
3–4 Monate

1. Rhabarber putzen, Stielenden und Blattansätze entfernen. Rhabarber evtl. abziehen, abspülen, trocken tupfen, in kleine Stücke schneiden und 500 g abwiegen. Walnusskerne klein hacken.

2. Rhabarberstücke mit Apfelsaft, Walnusskernen und Zitronensäure in einen großen Kochtopf geben. Zucker mit Gelfix Extra mischen, dann mit der Fruchtmasse verrühren. Die Zutaten unter Rühren bei starker Hitze zum Kochen bringen und unter ständigem Rühren mindestens 3 Minuten sprudelnd kochen lassen. Den Topf von der Kochstelle nehmen.

3. Das Kochgut evtl. abschäumen und sofort randvoll in vorbereitete Gläser füllen. Die Gläser mit Twist-off-Deckeln® verschließen, umdrehen und etwa 5 Minuten auf den Deckeln stehen lassen.

Insgesamt: E: 11 g, F: 36 g, Kh: 581 g, kJ: 11509, kcal: 2749, BE: 48,5

Erdbeer-Rhabarber-Konfitüre

 Klassisch

etwa 5 Gläser je 200 ml

**500 g Erdbeeren
(von etwa 600 g Erdbeeren,
vorbereitet gewogen)**

**500 g junger Rhabarber
(von etwa 750 g Rhabarber,
vorbereitet gewogen)**

**1 Bio-Zitrone
(unbehandelt, ungewachst)**

500 g Extra Gelierzucker 2 : 1

Zubereitungszeit: 30 Minuten
Haltbarkeit: kühl und dunkel gestellt
etwa 1 Jahr

1. Die Erdbeeren putzen, abspülen, abtropfen lassen, entstielen, in kleine Stücke schneiden und 500 g abwiegen. Rhabarber putzen, Stielenden und Blattansätze entfernen. Rhabarber abspülen, trocken tupfen (evtl. abziehen), in sehr kleine Stücke schneiden und 500 g abwiegen. Zitrone heiß abwaschen, abtrocknen und die Schale abreiben. Zitrone halbieren und den Saft auspressen.

2. Erdbeer-, Rhabarberstücke, Zitronenschale und -saft mit Extra Gelierzucker in einem großen Kochtopf gut verrühren. Die Zutaten unter Rühren bei starker Hitze zum Kochen bringen und unter ständigem Rühren mindestens 3 Minuten sprudelnd kochen lassen. Den Topf von der Kochstelle nehmen.

3. Das Kochgut evtl. abschäumen und sofort randvoll in vorbereitete Gläser füllen. Die Gläser mit Twist-off-Deckeln® verschließen, umdrehen und etwa 5 Minuten auf den Deckeln stehen lassen.

Tipp: Verfeinern Sie den Geschmack der Konfitüre mit 2 Päckchen Dr. Oetker Bourbon-Vanille-Zucker, die Sie mit dem Gelierzucker hinzufügen. ● ●

Insgesamt: E: 8 g, F: 3 g, Kh: 532 g, kJ: 9506, kcal: 2239, BE: 44,5

Chutney und Relish

Die würzigen Verwandten von Marmelade & Co

Mango-Chutney

Gut vorzubereiten – mit Alkohol

etwa 3 Gläser je 200 ml

400 g Mango
(von etwa 2 Mangos,
vorbereitet gewogen)

100 g Zwiebeln
(vorbereitet gewogen)

2–3 Stücke abgetropfter, einge-
legter Ingwer (aus dem Glas)

1 TL grüne Pfefferkörner in Lake

180 ml Weißwein

2 EL Weißweinessig

60 g Rosinen

125 g Extra Gelierzucker 2 : 1

Salz

Currypulver

Zubereitungszeit: 45 Minuten
Haltbarkeit: kühl und dunkel gestellt
etwa 1 Jahr

1. Von den Mangos das Fruchtfleisch vom Stein schneiden. Fruchtfleisch schälen, in kleine Würfel schneiden und 400 g abwiegen. Zwiebeln abziehen, ebenfalls klein würfeln und 100 g abwiegen. Ingwer klein schneiden. Pfefferkörner abspülen und abtropfen lassen.

2. Die vorbereiteten Zutaten in einen großen Kochtopf geben. Wein, Essig, Rosinen und Extra Gelierzucker hinzuge-ben, unter Rühren zum Kochen bringen und unter gelegentlichem Rühren etwa 5 Minuten kochen lassen. Chutney mit Salz und Curry abschmecken, sofort in vorbe-reitete Gläser füllen.

3. Gläser mit Twist-off-Deckeln® verschlie-ßen, umdrehen und etwa 5 Minuten auf den Deckeln stehen lassen.

Tipp: Mango-Chutney schmeckt sehr gut zu gegrilltem Fleisch und Geflügel.
••

Insgesamt: E: 6 g, F: 3 g, Kh: 223 g, kJ: 4625, kcal: 1099, BE: 18,0

Kürbis-Chutney

 Etwas aufwendiger

etwa 3 Gläser je 200 ml

350 g Kürbis
(von etwa 500 g Kürbis,
vorbereitet gewogen)

150 g Ananas
(von etwa 300 g Annanas,
vorbereitet gewogen)

200 g Zwiebeln
(vorbereitet gewogen)

100 g Paprikaschoten
(von etwa 150 g Paprikaschoten,
vorbereitet gewogen)

50 ml Apfelsaft

2 Lorbeerblätter

125 g Extra Gelierzucker 2 : 1

125 ml Apfelessig

20 g Salz

1 gestr. TL Currypulver

je ½ gestr. TL Cayennepfeffer,
weißer Pfeffer, Kreuzkümmel
(Cumin), Koriander (alles gem.)

Zubereitungszeit: 90 Minuten
Haltbarkeit: kühl und dunkel gestellt
etwa 6 Monate

1. Kürbis schälen und die Kerne entfernen. Kürbis in sehr kleine Würfel schneiden und 350 g abwiegen. Von der Ananas Blatt- und Strunkende abschneiden. Ananas halbieren und den mittleren, harten Strunk heraus-schneiden. Ananas schälen, das Frucht-fleisch in kleine Stücke schneiden und 150 g abwiegen.

2. Zwiebeln abziehen, in kleine Würfel schneiden und 200 g abwiegen. Paprika-schoten halbieren, entstielen, entkernen und die weißen Scheidewände entfernen. Schotenhälften abspülen, abtropfen lassen, in sehr kleine Würfel schneiden und 100 g abwiegen.

3. Die vorbereiteten Gemüse- und Obst-zutaten in einen großen Kochtopf geben. Apfelsaft und Lorbeerblätter hinzufügen. Die Zutaten zum Kochen bringen und etwa 20 Minuten bei schwacher Hitze kochen lassen, dabei gelegentlich umrühren.

4. Lorbeerblätter entfernen. Extra Gelier-zucker und Essig hinzugeben, wieder zum Kochen bringen und weitere etwa 8 Minuten unter Rühren bei starker Hitze kochen lassen. Den Topf von der Koch-stelle nehmen. Chutney mit Salz und den restlichen Gewürzen verrühren.

5. Chutney sofort randvoll in vorbereitete Gläser füllen. Gläser mit Twist-off-Deckeln® verschließen, umdrehen und etwa 5 Minuten auf den Deckeln stehen lassen.

Insgesamt: E: 9 g, F: 3 g, Kh: 184 g, kJ: 3514, kcal: 834, BE: 14,5

Tomaten-Orangen-Chutney

 Mit Alkohol

etwa 2 Gläser je 200 ml

300 g Tomaten
(von 500–600 g Tomaten,
vorbereitet gewogen)

200 g Orangenfilets und -saft
(von etwa 2 Orangen,
vorbereitet gewogen)

2 Knoblauchzehen

1 grüne oder rote Peperoni

125 ml Tomatensaft

60 ml Kräuteressig

1 EL Portwein

½ TL gem. Koriander

½ TL gem. Gewürznelken

Salz

½ Pck. Zitronensäure (2 ½ g)

250 g Extra Gelierzucker 2 : 1

Zubereitungszeit: 60 Minuten
Haltbarkeit: kühl und dunkel gestellt
etwa 6 Monate

1. Zum Vorbereiten Tomaten kreuzweise einschneiden und mit kochendem Wasser übergießen. Nach 1–2 Minuten herausnehmen und mit kaltem Wasser abschrecken. Tomaten häuten, halbieren, entkernen und die Stängelansätze herausschneiden. Tomatenhälften in Würfel schneiden und 300 g abwiegen.

2. Orangen mit einem scharfen Messer so schälen, dass die weiße Haut mitentfernt wird. Fruchtfilets herausschneiden und den entstehenden Saft dabei auffangen. Insgesamt 200 g Orangenfilets mit dem -saft abwiegen.

3. Knoblauch abziehen und sehr klein schneiden. Peperoni halbieren, entstielen, entkernen und die weißen Scheidewände entfernen. Peperoni abspülen, abtropfen lassen und sehr fein schneiden.

4. Tomatenwürfel, Orangenfilets mit -saft, Tomatensaft, Essig, Portwein, Knoblauch, Peperoni, Koriander, Gewürznelken, Salz und Zitronensäure mit Extra Gelierzucker in einem großen Kochtopf gut verrühren. Die Zutaten unter Rühren bei starker Hitze zum Kochen bringen und unter ständigem Rühren mindestens 3 Minuten sprudelnd kochen lassen. Den Topf von der Kochstelle nehmen.

5. Das Kochgut evtl. abschäumen und sofort randvoll in vorbereitete Gläser füllen. Gläser mit Twist-off-Deckeln® verschließen, umdrehen und etwa 5 Minuten auf den Deckeln stehen lassen.

Tipp: Servieren Sie das Tomaten-Orangen-Chutney zu gegrilltem Hähnchen- oder Putenbrustfilet.

••

Insgesamt: E: 7 g, F: 2 g, Kh: 281 g, kJ: 5157, kcal: 1216, BE: 22,5

Aprikosen-Chutney

Mit Alkohol

5 Gläser je 200 ml
600 g Aprikosen (von etwa 700 g
Aprikosen, vorbereitet gewogen)
200 g Zwiebeln
1 kleine Peperoni
1 Knoblauchzehe
200 ml Weißweinessig
½ gestr. TL Salz
3 EL Rosinen
3 EL Rum
1 TL Senfkörner
1 TL geschrotete Pfefferkörner
½ Döschen Safranpulver (0,1 g)
1 TL mildes Currypulver
250 g Extra Gelierzucker 2 : 1
2 EL gehackte Pfefferminz-
blättchen

Zubereitungszeit: 50 Minuten
Haltbarkeit: kühl und dunkel gestellt
etwa 6 Monate

1. Die Aprikosen abspülen, trocken tupfen, halbieren, enstielen und entsteinen. Aprikosenhälften in kleine Würfel schneiden und 600 g abwiegen. Zwiebeln abziehen und klein würfeln. Die Peperoni längs halbieren, entkernen, abspülen, abtropfen lassen und fein hacken. Den Knoblauch abziehen und in sehr kleine Würfel schneiden.

2. Aprikosen-, Zwiebel-, Knoblauchwürfel und Peperoni in einen großen Kochtopf geben. Essig, Salz, Rosinen, Rum, Senfkörner, Pfefferkörner, Safran, Curry und Extra Gelierzucker hinzugeben.

3. Die Zutaten unter Rühren zum Kochen bringen und 10−15 Minuten unter gelegentlichem Rühren kochen lassen. Den Topf von der Kochstelle nehmen. Pfefferminze unterrühren.

4. Das Chutney sofort randvoll in vorbereitete Gläser füllen. Gläser mit Twist-off-Deckeln® verschließen, umdrehen und etwa 5 Minuten auf den Deckeln stehen lassen.

Insgesamt: E: 12 g, F: 3 g, Kh: 346 g, kJ: 6811, kcal: 1615, BE: 28,0

Karamellisiertes Kürbis-Apfel-Relish mit Jamaikapfeffer

Fruchtig – würzig

etwa 1 ½ kg

500 g Äpfel, süß-sauer
(von etwa 4 großen Äpfeln,
vorbereitet gewogen)

500 g Hokkaidokürbis
(von etwa 750 g Kürbis,
vorbereitet gewogen)

250 g Zwiebeln

1 kleines Bund Dill

100 g Zucker

200 ml Obstessig oder weißer
Balsamico-Essig

200 ml Apfelsaft

1 Msp. gem. Piment
(Jamaikapfeffer)

Salz

gem. Pfeffer

Zubereitungszeit: 35 Minuten
Haltbarkeit: kühl und dunkel gestellt
3–6 Monate

1. Äpfel schälen, vierteln und entkernen. Apfelviertel in etwa 1 cm große Würfel schneiden und 500 g abwiegen. Kürbis abspülen, abtropfen lassen, halbieren und die Kerne mit einem Löffel herausschaben. Kürbishälften mit Schale ebenfalls in etwa 1 cm große Würfel schneiden und 500 g abwiegen.

2. Zwiebeln abziehen und klein würfeln. Dill abspülen und trocken tupfen. Die Spitzen von den Stängeln zupfen, Spitzen klein schneiden.

3. Zucker in einem Topf goldgelb karamellisieren. Apfel-, Kürbis- und Zwiebelwürfel hinzugeben und 1–2 Minuten unter Rühren andünsten. Mit Essig und Apfelsaft ablöschen.

4. Die Zutaten bei mittlerer Hitze etwa 15 Minuten unter ständigem Rühren kochen. Piment unterrühren und weitere etwa 5 Minuten kochen lassen. Kurz vor Ende der Garzeit den Dill unterrühren. Mit Salz und Pfeffer abschmecken.

5. Relish sofort randvoll in vorbereitete Gläser füllen. Gläser mit Twist-off-Deckeln® verschließen, umdrehen und etwa 5 Minuten auf den Deckeln stehen lassen.

Tipp: Kürbis-Apfel-Relish passt gut zu gegrilltem Fleisch oder Fisch oder zum Würzen von Currygerichten.

••

Insgesamt: E: 11 g, F: 2 g, Kh: 254 g, kJ: 4721, kcal: 1127, BE: 20,5

Tomaten-Paprika-Relish

Gut vorzubereiten

etwa 4 Gläser je 200 ml

250 g Tomaten

je 250 g rote und
grüne Paprikaschoten

125 g Zwiebeln

250 g Zucker

Salz

1 Msp. gem. Ingwer

1 TL Cayennepfeffer

1 Msp. gem. Gewürznelken

1 TL Paprikapulver edelsüß

10 Pfefferkörner

125 ml Rotweinessig

gut 1 Msp. Einmachhilfe

Zubereitungszeit: 60 Minuten
Haltbarkeit: kühl und dunkel gestellt
etwa 6 Monate

1. Tomaten kreuzweise einschneiden und mit kochendem Wasser übergießen. Nach 1–2 Minuten herausnehmen und mit kaltem Wasser abschrecken. Tomaten häuten, halbieren, entkernen und die Stängelansätze herausschneiden.

2. Paprikaschoten halbieren, entstielen, entkernen und die weißen Scheidewände entfernen. Schoten abspülen und abtropfen lassen. Zwiebeln abziehen.

3. Die vorbereiteten Gemüsezutaten grob zerkleinern und in einen Topf geben. Mit Zucker, Salz, Ingwer, Cayennepfeffer, Nelken, Paprika und Pfefferkörnern würzen. Essig hinzugießen. Die Zutaten zum Kochen bringen und 30–45 Minuten dünsten.

4. Das gedünstete Gemüse portionsweise kurz mit einem Pürierstab oder im Mixer grob pürieren, Einmachhilfe unterrühren.

5. Relish sofort randvoll in vorbereitete Gläser füllen. Gläser mit Twist-off-Deckeln® verschließen, umdrehen und etwa 5 Minuten auf den Deckeln stehen lassen.

Tipps: Tomaten-Paprika-Relisch schmeckt sehr gut als Beilage zu kaltem Braten oder Kochschinken. Auch für ein Picknick eignet es sich gut, um Brotscheiben oder Kräcker und auch Blätterteigstangen zu dippen.

••

Insgesamt: E: 10 g, F: 3 g, Kh: 283 g, kJ: 5145, kcal: 1230, BE: 23,0

Gemüserelish

Für Gäste

etwa 6 Gläser je 200 ml

400 g Gemüsezwiebeln
(von etwa 2 Gemüsezwiebeln,
vorbereitet gewogen)

je 200 g rote und grüne
Paprikaschoten
(von etwa 500 g Paprikaschoten,
vorbereitet gewogen)

400 g Zucchini (von etwa 500 g
Zucchini, vorbereitet gewogen)

2 Knoblauchzehen

6 EL Olivenöl

200 g Fleischtomaten
(von etwa 300 g Tomaten,
vorbereitet gewogen)

375 ml Weißweinessig

200 ml Tomatensaft

2 EL Tomatenmark

2 gestr. TL Salz

2 gestr. EL Paprikapulver edelsüß

1 gestr. TL Currypulver

gem. Pfeffer

Cayennepfeffer

500 g Extra Gelierzucker 2 : 1

Zubereitungszeit: 70 Minuten
Haltbarkeit: kühl und dunkel gestellt
etwa 6 Monate

1. Gemüsezwiebeln abziehen, in kleine Würfel schneiden und 400 g abwiegen. Paprikaschoten halbieren, entstielen, entkernen und die weißen Scheidewände entfernen. Schoten abspülen, trocken tupfen, in kleine Würfel schneiden und insgesamt 400 g abwiegen.

2. Zucchini abspülen, abtrocknen und die Enden abschneiden. Zucchini längs halbieren, in kleine Würfel schneiden und 400 g abwiegen. Knoblauch abziehen und klein würfeln. Olivenöl in einem Topf erhitzen. Vorbereitete Gemüsewürfel darin evtl. portionsweise einige Minuten andünsten.

3. Tomaten kreuzweise einschneiden und mit kochendem Wasser übergießen. Nach 1–2 Minuten herausnehmen und mit kaltem Wasser abschrecken. Tomaten häuten, halbieren, entkernen und die Stängelansätze herausschneiden. Tomatenhälften in Würfel schneiden und 200 g abwiegen.

4. Tomatenwürfel mit Essig, Tomatensaft, -mark, Salz, Paprika, Curry, Pfeffer, Cayennepfeffer und Extra Gelierzucker zu den angedünsteten Gemüsewürfeln in den Topf geben, unter Rühren zum Kochen bringen und etwa 15 Minuten kochen lassen, dabei ab und zu umrühren.

5. Nach Belieben die Gemüsemasse nach dem Kochen so lange pürieren, bis die Hälfte musig ist. Dann gut verrühren und nochmals aufkochen lassen.

6. Relish sofort randvoll in vorbereitete Gläser füllen. Gläser mit Twist-off-Deckeln® verschließen, umdrehen und etwa 5 Minuten auf den Deckeln stehen lassen.

Insgesamt: E: 25 g, F: 65 g, Kh: 560 g, kJ: 12686, kcal: 3004, BE: 44,0

••

Tipps: Cranberry-Orangen-Relish zu geräucherter Putenbrust reichen. Cranberrys sind die gezüchtete Form der wilden Moosbeere.

Cranberry-Orangen-Relish

Gut vorzubereiten – mit Alkohol

3 Gläser je 200 ml

200 g Cranberrys

2 Kumquats (Zwergorange)
mit Schale (etwa 25 g)

100 g Orangenfilets

100 ml Weißwein

100 ml Orangensaft

50 g Zucker

1 cl Weinbrand

1 cl Himbeeressig

1 EL fein geschnittene
Zitronenmelisse

etwas Senfpulver

gem. Gewürznelken

gem. Pfeffer

evtl. 1 EL Speisestärke

Zubereitungszeit: 30 Minuten
Haltbarkeit:
im Kühlschrank etwa 7 Tage

1. Cranberrys evtl. kurz abspülen, trocken tupfen und in kleine Würfel schneiden. Kumquats entstielen, abspülen und abtrocknen. Orangenfilets und Kumquats in kleine Würfel schneiden.

2. Die Fruchtwürfel in einen Kochtopf geben. Weißwein, Orangensaft und Zucker hinzufügen, zum Kochen bringen und etwa 15 Minuten kochen lassen.

3. Weinbrand, Himbeeressig und Zitronenmelisse hinzufügen. Mit Senfpulver, Nelken und Pfeffer würzen.

4. Evtl. Speisestärke mit etwas Wasser anrühren, in die Fruchtmasse rühren und unter Rühren aufkochen lassen.

5. Relish sofort randvoll in vorbereitete Gläser füllen und mit Twist-off-Deckeln® verschließen. Oder Relish in Einkochgläser füllen. Jeweils Deckel und Gummiring nass auf den gesäuberten Glasrand legen. Sofort mit Bügel oder Feder verschließen.

Insgesamt: E: 4 g, F: 1 g, Kh: 97 g, kJ: 2112, kcal: 505, BE: 8,0

Spezialitäten, eingekocht und eingelegt

Von eingelegtem Gemüse,
über Currywurst bis zu Crème caramel

Himbeeren, süßsauer

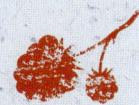

Aromatisch – köstlich

etwa 6 Gläser je 230 ml

**750 g frische Himbeeren
(von etwa 850 g Himbeeren,
vorbereitet gewogen)**

250 ml Apfelessig

50 ml Himbeergeist

1 gestr. EL gem. Zimt

1 Msp. gem. Piment

1 Msp. gem. Muskatnuss

1 Msp. gem. Anissamen

**1 Pck. Gelierzucker 2 : 1
für Beeren-Konfitüre**

Zubereitungszeit: 15 Minuten
Haltbarkeit: kühl und dunkel gestellt
mindestens 6–9 Monate

1. Die Himbeeren verlesen, evtl. kurz abspülen, gut trocken tupfen und 750 g abwiegen. Himbeeren mit dem Apfelessig im Mixer oder mit einem Pürierstab pürieren. Himbeergeist und die Gewürze hinzugeben, gut vermischen.

2. Das Fruchtpüree mit Gelierzucker in einem großen Kochtopf gut verrühren. Alles unter Rühren bei starker Hitze zum Kochen bringen und unter ständigem Rühren mindestens 3 Minuten sprudelnd kochen lassen. Den Topf von der Kochstelle nehmen. Kochgut evtl. abschäumen und sofort randvoll in vorbereitete Gläser füllen.

3. Gläser mit Twist-off-Deckeln® verschließen, umdrehen und etwa 5 Minuten auf den Deckeln stehen lassen.

Tipp: Passt sehr gut als Beilage zu kräftigem Bergkäse, Gegrilltem oder Wildgerichten (als Alternative zu Preiselbeeren).
••

Insgesamt: E: 11 g, F: 3 g, Kh: 536 g, kJ: 10338, kcal: 2440, BE: 44,5

Paprikaschoten mit Schafskäse

Raffiniert

3 Drahtbügelgläser je 500 ml

je 4 kleine grüne und
rote Paprikaschoten

2 Zwiebeln

2 rote Peperoni

200 g Schafskäse

3 TL rote Pfefferkörner

600 ml Weißweinessig

250 g Zucker

1 gestr. TL Salz

1 TL gerebelter Oregano

200 ml kalt gepresstes Olivenöl

Zubereitungszeit: 35 Minuten,
ohne Abkühlzeit
Durchziehzeit: etwa 3 Tage
Haltbarkeit: kalt, dunkel gestellt und
gut verschlossen 3–4 Wochen

1. Den Backofen vorheizen. Ober-/Unterhitze: etwa 220 °C, Heißluft: etwa 200 °C.

2. Paprikaschoten entstielen, entkernen und die weißen Scheidewände entfernen. Schoten abspülen, trocken tupfen und mit der Haut nach oben auf ein Backblech (gefettet) setzen. Das Backblech in den vorgeheizten Backofen schieben. Die Schoten etwa 12 Minuten backen, bis die Haut dunkel wird und Blasen wirft.

3. Das Backblech aus dem Backofen nehmen. Paprikaschoten mit einem nassen Tuch zudecken und etwas abkühlen lassen. Die Haut der Paprikaschoten abziehen.

4. Zwiebeln abziehen, zuerst in Scheiben schneiden, dann in Ringe teilen. Peperoni entstielen, längs halbieren, entkernen, abspülen, trocken tupfen und in Ringe schneiden. Schafskäse etwas zerkleinern.

5. Paprikaschoten mit Schafskäse füllen, zusammen mit den Zwiebel-, Peperoniringen und Pfefferkörnern in vorbereitete Drahtbügelgläser schichten.

6. Essig, Zucker und Salz in einem Topf aufkochen, bis der Zucker aufgelöst ist, Oregano hinzufügen. Olivenöl unterrühren. Die Paprikaschoten mit dem Sud übergießen, sodass die Schoten gut mit dem Sud bedeckt sind. Jeweils Gummiring und Deckel nass auf den gesäuberten Glasrand legen. Gläser verschließen. Paprikaschoten kalt gestellt aufbewahren.

Tipps: Bis zum ersten Verzehr die Paprikaschoten etwa 3 Tage durchziehen lassen. Nach Belieben noch 2–3 abgezogene Knoblauchzehen hinzufügen.

• •

Insgesamt: E: 45 g, F: 252 g, Kh: 297 g, kJ: 15522, kcal: 3711, BE: 24,5

Tipps: Schmeckt lecker, kalt zu Gegrilltem, warm auf Crostini oder einfach als Beilage zu Lammgerichten.
Oder als vegetarisches Gericht z. B. mit Rosmarinkartoffeln und Kräuterquark.

••

Ratatouille, eingemacht
(warm oder kalt)

Raffiniert

etwa 6 Gläser je 500 ml

2 kg Paprikaschoten
(rot, gelb, grün)

2 Gemüsezwiebeln,
geschält etwa 500 g

6 Knoblauchzehen

10 EL Olivenöl

500 ml Schältomaten oder
stückige Tomaten (Tetrapak)

Salz

gem. Pfeffer

2 mittelgroße Auberginen
(etwa 440 g)

2 mittelgroße Zucchini
(etwa 440 g)

1 Stängel Rosmarin

2 Stängel Thymian

Zucker

Zubereitungszeit: 40 Minuten
Haltbarkeit: kühl und dunkel gestellt
mindestens 1–2 Monate

1. Paprikaschoten halbieren, entstielen, entkernen und die weißen Scheidewände entfernen. Schoten abspülen, abtropfen lassen und in 2–3 cm große Stücke schneiden. Zwiebeln und Knoblauch abziehen. Zwiebeln halbieren und in kleine Würfel schneiden. Knoblauch durch eine Knoblauchpresse drücken.

2. Drei Esslöffel des Olivenöls in einem großen Bräter oder Topf erhitzen. Zwiebelwürfel darin portionsweise etwa 5 Minuten unter Rühren goldgelb anbraten. Paprikastücke und Knoblauch portionsweise hinzugeben und weitere etwa 5 Minuten mitbraten lassen. Schältomaten oder stückige Tomaten hinzugeben, mit etwas Salz und Pfeffer würzen. Die Zutaten bei mittlerer Hitze unter gelegentlichem Rühren etwas sämig bis dickflüssig einkochen lassen.

3. Auberginen und Zucchini abspülen, abtrocknen und die Stängelansätze bzw. Enden abschneiden. Auberginen und Zucchini in 2–3 cm große Würfel schneiden.

4. Restliches Olivenöl in einer großen, weiten Pfanne erhitzen. Die Auberginen- und Zucchiniwürfel darin nacheinander unter Rühren anbraten. Mit Salz und Pfeffer würzen. Rosmarin und Thymian abspülen und trocken tupfen. Die Nadeln bzw. Blättchen von den Stängeln zupfen. Nadeln und Blättchen klein schneiden.

5. Die Auberginen- und Zucchiniwürfel sowie die klein geschnittenen Kräuter zum etwas sämig eingekochten Zwiebel-Paprika-Tomaten-Gemisch geben und gut vermengen. Nochmals mit Salz, Pfeffer und etwas Zucker abschmecken.

6. Die heiße Ratatouillemasse sofort randvoll in vorbereitete Gläser füllen. Gläser mit Twist-off-Deckeln® verschließen, umdrehen und etwa 5 Minuten auf den Deckeln stehen lassen. Ratatouille kühl und dunkel stellen.

Insgesamt: E: 44 g, F: 109 g, Kh: 140 g, kJ: 7269, kcal: 1739, BE: 9,0

Champignons, mariniert

Raffiniert – mit Alkohol

etwa 4 Gläser je 500 ml

2 ½ kg kleine Champignons

Für die Marinade:

1–2 Chilischoten

6–8 Knoblauchzehen

2 Zweige Rosmarin

250 ml Weißweinessig

250 ml Weißwein

250 ml Speiseöl

2 EL grüne Pfefferkörner

2 gestr. TL Salz

Zubereitungszeit: 60 Minuten,
ohne Durchziehzeit

Haltbarkeit: gekühlt etwa 2 Wochen

1. Champignons putzen, evtl. kurz abspülen und trocken tupfen.

2. Für die Marinade Chilischoten putzen, abspülen und trocken tupfen. Knoblauch abziehen und in dünne Scheiben schneiden. Rosmarin abspülen und trocken tupfen.

3. Essig, Wein und Speiseöl in einem Topf verrühren. Chilischoten, Knoblauchscheiben, Rosmarin, Pfefferkörner und Salz hinzufügen. Die Zutaten kurz aufkochen lassen. Den Topf von der Kochstelle nehmen.

4. Champignons in der Marinade etwa 10 Minuten ziehen und abkühlen lassen.

5. Champignons mit der Marinade in vorbereitete Gläser füllen. Gläser mit Twist-off-Deckeln® verschließen.

6. Champignons kalt gestellt einige Tage durchziehen lassen.

Tipp: Marinierte Champignons zu Grillspezialitäten reichen oder auf ein Buffet stellen. ••

Insgesamt: E: 104 g, F: 256 g, Kh: 23 g, kJ: 11995, kcal: 2866, BE: 1,0

Confit von roten Zwiebeln und Preiselbeeren

Raffiniert – mit Alkohol

900–1000 ml

20 mittelgroße, rote Zwiebeln
(etwa 600 g, geschält)

4 EL Olivenöl

2 EL brauner Zucker

160 ml Sherryessig

500 ml Orangensaft

250 ml Rotwein

4 Lorbeerblätter

500 g Preiselbeeren
(vorbereitet gewogen)

½ Pck. Gelierzucker
2 : 1 für Beeren Konfitüre

100 ml Cassislikör

1 gestr. TL gem. Piment

2 Stängel Thymian

Salz

gem. Pfeffer

Zubereitungszeit: 30 Minuten
Haltbarkeit: kühl und dunkel gestellt
mindestens 3 Monate

1. Zwiebeln abziehen und längs halbieren. Olivenöl in einem großen Topf erhitzen. Zwiebelhälften darin evtl. in 2 Portionen etwa 6 Minuten von allen Seiten goldgelb anbraten. Nach etwa 4 Minuten Bratzeit den Zucker hinzugeben und karamellisieren lassen. Mit Essig und Orangensaft ablöschen, zum Kochen bringen und zur Hälfte einkochen lassen.

2. Rotwein und Lorbeerblätter hinzugeben. Die Flüssigkeit bei mittlerer Hitze nochmals sirupartig einkochen (kann je nach Topfdurchmesser bis zu 45 Minuten dauern).

3. Preiselbeeren putzen, abspülen, abtropfen lassen, 500 g abwiegen und in einen großen Kochtopf geben, mit Gelierzucker und Cassislikör gut verrühren. Die Zutaten unter Rühren bei starker Hitze zum Kochen bringen und unter ständigem Rühren mindestens 3 Minuten sprudelnd kochen lassen. Den Topf von der Kochstelle nehmen. Kochgut evtl. abschäumen.

4. Thymian abspülen und trocken tupfen. Die Blättchen von den Stängeln zupfen. Die Preiselbeerkonfitüre mit den Thymianblättchen und Piment zum Zwiebelconfit in den Topf geben. Die Zutaten nochmals unter Rühren kurz aufkochen lassen. Mit 1 Prise Salz und Pfeffer abschmecken.

5. Confit sofort randvoll in vorbereitete Gläser füllen. Die Gläser mit Twist-off-Deckeln® verschließen, umdrehen und etwa 5 Minuten auf den Deckel stehen lassen. Die Gläser an einen kühlen Ort stellen.

Tipps: Passt sehr gut zu frischem Käse, Hackfleisch, grober Wurst und Pasteten. Confit macht sich zudem hervorragend als Basis für delikate Saucen.
••

Insgesamt: E: 13 g, F: 45 g, Kh: 417 g, kJ: 10402, kcal: 2469, BE: 32,5

Paprika-Tomaten, süßsauer

Einfach

6 Gläser je 500 ml

1 kg Paprikaschoten
(rot, gelb und grün)

Salzwasser

750 g vollreife Tomaten

1 frische Chilischote

4 Knoblauchzehen

einige Zweige Majoran
oder Oregano

100 g Zucker oder
flüssiger Blütenhonig

4 EL Meersalz

500 ml Weißweinessig

500 ml Wasser

Zubereitungszeit: 40 Minuten
Haltbarkeit: gekühlt etwa 6 Monate

1. Paprikaschoten halbieren, entstielen, entkernen und die weißen Scheidewände entfernen. Schoten abspülen, trocken tupfen und jeweils in 2–3 Streifen schneiden.

2. Paprikastreifen in kochendem Salzwasser etwa 5 Minuten blanchieren, mit eiskaltem Wasser abschrecken und in einem Sieb abtropfen lassen. Die Haut der Paprikastreifen abziehen.

3. Tomaten abspülen, trocken tupfen und die Stängelansätze herausschneiden. Die Tomaten rundherum mit einem Holzstäbchen einstechen und abwechselnd mit den Paprikastreifen in vorbereitete Gläser einschichten.

4. Chilischote abspülen, trocken tupfen, in kleine Stücke schneiden und in den Gläsern verteilen.

5. Knoblauch abziehen. Majoran oder Oregano abspülen und trocken tupfen. Zucker oder Honig mit Salz, Essig, Wasser und Knoblauch in einem Topf aufkochen. Die eingelegten Tomaten und Paprikastreifen mit dem Sud übergießen. Majoran- oder Oreganozweige darauf verteilen.

6. Die Gläser mit Twist-off-Deckeln® verschließen und auf einen Auflagenrost in den Einkochtopf stellen. Den Topf verschließen.

7. So viel kaltes Wasser hinzugießen, dass die Gläser im Wasser stehen. Die Paprika-Tomaten etwa 30 Minuten bei etwa 75 °C einkochen.

Tipp: Paprika-Tomaten passen sehr gut zu Barbecue, als Vorspeise oder Beilage.
••

Insgesamt: E: 18 g, F: 4 g, Kh: 146 g, kJ: 3303, kcal: 788, BE: 10,5

Tipp: Den Rotwein kann man auch durch die gleiche Menge Essig oder Wasser ersetzten, je nach Geschmack.

Eingelegte Rübchen

Einfach

etwa 4 Gläser je 750 ml
1 kg kleine, weiße Rüben
1 kg kleine, rote Rüben
2 TL Kümmelsamen, ganz
400 g kleine Zwiebeln
6 Knoblauchzehen
50 g frischer Ingwer
2 TL schwarze Pfefferkörner
1 TL Pimentkörner, ganz
250 ml Rotwein
750 ml Obstessig
500 ml Wasser
3–4 EL brauner Zucker
4 gestr. TL Salz

Zubereitungszeit: 60 Minuten
Haltbarkeit: Kühl und dunkel gestellt
mindestens 6–9 Monate

1. Den Backofen vorheizen. Ober-/Unterhitze: etwa 180 °C, Heißluft: etwa 160 °C.

2. Die Rüben vorsichtig unter fließendem kalten Wasser abbürsten, dabei die kleinen Wurzeln nicht abreißen oder abschneiden, da die Rüben sonst beim Garen ausbluten.

3. Salzwasser in einem großen Topf zum Kochen bringen, Kümmel und die ungeschälten Rüben hinzugeben. Die Rüben zugedeckt 30–60 Minuten (je nach Größe) bei schwacher Hitze garen. Oder die Rüben auf einem Backblech verteilen und in den vorgeheizten Backofen schieben. Die Rüben etwa 30 Minuten backen.

4. Eine Fettpfanne zur Hälfte mit Wasser füllen und in den Backofen schieben. Den Backofen auf Ober-/Unterhitze: etwa 120 °C, Heißluft: etwa 100 °C herunterschalten.

5. Zwiebeln und Knoblauch abziehen. Zwiebeln zuerst in Scheiben schneiden, dann in Ringe teilen. Knoblauch in Scheiben schneiden. Den Ingwer schälen und ebenfalls in Scheiben schneiden. Pfeffer- und Pimentkörner grob zerstoßen.

6. Rüben, Zwiebelringe, Knoblauch- und Ingwerscheiben abwechselnd in vorbereitete Gläser füllen.

7. Wein, Essig, Wasser, Pfeffer-, Pimentkörner, Zucker und Salz in einem Topf zum Kochen bringen. Die Flüssigkeit noch heiß über das Rüben-Zwiebel-Ingwer-Gemisch gießen, sodass die Zutaten bedeckt sind. Die Gläser sofort mit Twist-off-Deckeln® verschließen.

8. Die Gläser in die vorbereitete Fettpfanne stellen. Die Rübchen etwa 35 Minuten einkochen (sterilisieren).

9. Die Gläser kalt und dunkel stellen. Die eingelegten Rübchen mindestens 3 Wochen vor dem Servieren ziehen lassen.

Insgesamt: E: 41 g, F: 4 g, Kh: 259 g, kJ: 6378, kcal: 1531, BE: 20,0

Eingelegter Essigknoblauch

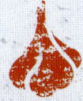

Klassisch

etwa 4 Gläser je 500 ml
8–10 Knoblauchknollen
(400–500 g)
8–10 kleine Zwiebeln
(300–350 g)
8 frische grüne und rote
Chilischoten
500 ml Apfelessig
500 ml Gemüsebrühe
125 g brauner Zucker
1 gestr. EL Salz
4 kleine Stängel Rosmarin
4 Stangen Zimt
4 Lorbeerblätter
8 Gewürznelken

Zubereitungszeit: 45 Minuten
Haltbarkeit: kühl und dunkel gestellt
mindestens 6–9 Monate

1. Knoblauchknollen in einzelne Zehen teilen. Knoblauchzehen und Zwiebeln abziehen. Die Zwiebeln senkrecht vierteln. Chilischoten abspülen und abtrocknen.

2. Knoblauchzehen, Zwiebelstücke, Essig, Brühe, Zucker und Salz in einem Topf zum Kochen bringen. Die Knoblauchzehen und Zwiebelstücke darin bei schwacher Hitze etwa 10 Minuten kochen lassen.

3. Eine Fettpfanne zur Hälfte mit Wasser füllen und in den Backofen schieben. Den Backofen vorheizen. Ober-/Unterhitze: etwa 120 °C, Heißluft: etwa 100 °C.

4. Rosmarin abspülen und trocken tupfen. Chilischoten, Zimtstangen, Lorbeerblätter, Nelken und Rosmarinstängel gleichmäßig in 4 vorbereitete Gläser verteilen. Die noch heißen Knoblauchzehen und Zwiebelstücke mit der Flüssigkeit in die Gläser füllen, sodass die Zutaten ganz bedeckt sind. Die Gläser sofort mit Twist-off-Deckeln® verschließen.

5. Die Gläser in die vorbereitete Fettpfanne stellen. Den Essigknoblauch etwa 30 Minuten einkochen (sterilisieren).

6. Den Essigknoblauch vor dem Servieren 2–3 Wochen ziehen lassen. Essigknoblauch kühl und dunkel stellen.

Insgesamt: E: 34 g, F: 2 g, Kh: 265 g, kJ: 5487, kcal: 1316, BE: 21,0

Currywurst

Würziger Gaumenschmaus

etwa 5 Gläser je 440 ml

Für die Currysauce:

300 ml Wasser

3 geh. TL Currypulver, indisch

2 TL brauner Zucker

1 TL Paprikapulver rosenscharf

1 TL Sambal Oelek

1 l guter Tomatenketchup

10 Rostbratwürstchen (vorgebrüht)

2 Frühlingszwiebeln

3 EL Speiseöl

Salz

gem. Pfeffer

Zubereitungszeit: 20 Minuten
Haltbarkeit: kühl und dunkel gestellt mindestens 3 Monate

1. Für die Currysauce Wasser mit Curry, Zucker, Paprika und Sambal Oelek in einem Topf zum Kochen bringen. Den Topf von der Kochstelle nehmen und den Ketchup unterrühren. Die Currysauce nochmals unter ständigem Rühren kurz aufkochen lassen.

2. Die Bratwürstchen in 1–1 ½ cm dicke Scheiben schneiden. Frühlingszwiebeln putzen, abspülen, abtropfen lassen und in Scheiben schneiden.

3. Eine Fettpfanne zur Hälfte mit Wasser füllen und in den Backofen schieben. Den Backofen vorheizen. Ober-/Unterhitze: etwa 120 °C, Heißluft: etwa 100 °C

4. Speiseöl in einer großen Pfanne oder einem Bräter erhitzen. Die Bratwurstscheiben darin in 2–3 Portionen von beiden Seiten 3–4 Minuten kräftig anbraten. Frühlingszwiebelscheiben hinzugeben und kurz mit anbraten. Mit Salz und Pfeffer würzen.

5. Die Bratwurstscheiben mit den Frühlingszwiebelscheiben sofort in vorbereitete Gläser geben. Die noch heiße Currysauce darauf verteilen, sodass die Bratwurstscheiben gut bedeckt sein. Die Gläser sofort mit Twist-off-Deckeln® verschließen.

6. Die Gläser in die vorbereitete Fettpfanne stellen. Die Gurken etwa 35 Minuten einkochen (sterilisieren).

7. Die Gläser an einen kühlen, dunklen Ort stellen.

Tipp: Schnell aus der herkömmlichen Currywurst eine de-luxe-Variante machen? Einfach vor dem Verschließen der Gläser eine angebratene Riesengarnele (ohne Kopf und Schale, entdarmt) auf der Currywurst platzieren.

●●

Insgesamt: E: 172 g, F: 300 g, Kh: 264 g, kJ: 18563, kcal: 4434, BE: 21,5

Kräutergurken

Klassisch – mit Alkohol

etwa 3 Gläser je 750 ml

1 ½ kg kleine, gerade
Einlegegurken

Salzwasser
(auf 1 l Wasser 75 g Salz)

2 Zweige Dill

2 Zweige glatte Petersilie

1 Zweig Rosmarin

2 Salbeiblättchen

Für die Essig-Zucker-Lösung:

250 g kleine Perlzwiebeln

1 Stück Ingwer

je 125 ml Weißweinessig
und Weißwein

500 ml Wasser

100 g Zucker

3 gestr. TL Salz

2 Lorbeerblätter

½ TL Pfefferkörner

1 Pck. Einmachhilfe

Zubereitungszeit: 60 Minuten,
ohne Durchziehzeit
Durchziehzeit: mindestens 3 Wochen
Haltbarkeit: kuhl und dunkel gestellt
etwa 6 Monate

1. Gurken gründlich waschen, abtropfen lassen und in eine Schüssel geben. Salzwasser über die Gurken gießen und diese 12–24 Stunden an einem kühlen Ort stehen lassen.

2. Gurken aus dem Salzwasser nehmen, sorgfältig abbürsten und abspülen. Gurken einzeln mit einem Tuch abtrocknen und die schlechten Stellen entfernen.

3. Dill, Petersilie, Rosmarin und Salbeiblättchen abspülen, trocken tupfen. Gurken und Kräuter in vorbereitete Gläser füllen.

4. Für die Essig-Zucker-Lösung Zwiebeln abziehen. Ingwer schälen, mit Essig, Wein, Wasser, Zucker, Salz, Lorbeerblättern und Pfefferkörnern in einem Topf zum Kochen bringen. Den Topf von der Kochstelle nehmen, Einmachhilfe unterrühren.

5. Die Essig-Zucker-Lösung über die Gurken gießen. Die Gläser sofort mit Twist-off-Deckeln® verschließen. Gurken mindestens 3 Wochen kalt gestellt vor dem Verzehr durchziehen lassen.

Insgesamt: E: 14 g, F: 4 g, Kh: 167 g, kJ: 3757, kcal: 893, BE: 8,5

Currygurken

Sehr würzig

2–2 ½ Liter

2 kg große, reife Einlegegurken

250 g ganz kleine Zwiebeln oder Perlzwiebeln

1 Bund Dill

750 ml Weißweinessig (5%)

500 ml Wasser

200 g brauner Zucker

4 EL Salz

8 Limettenblätter

2 EL Currypulver, indisch

1 TL Thai–Currypulver

Zubereitungszeit: 40 Minuten
Haltbarkeit: kühl und dunkel gestellt mindestens 3–6 Monate

1. Gurken schälen, abspülen, trocken tupfen und die Enden abschneiden. Gurken längs halbieren. Die Kerne mit einem Esslöffel herausschaben. Gurkenhälften in etwa 2 cm dicke Scheiben schneiden. Zwiebeln abziehen, größere Zwiebeln halbieren oder vierteln. Dill abspülen und trocken tupfen. Dill mit den Stängeln grob hacken und beiseitelegen.

2. Essig mit 500 ml Wasser, Zucker und Salz in einem großen Topf zum Kochen bringen. Die Gurkenscheiben und Zwiebeln in der Flüssigkeit 3–5 Minuten bissfest kochen.

3. Die Gurkenscheiben und Zwiebeln noch heiß abwechselnd mit dem gehackten Dill in vorbereitete Gläser füllen.

4. Eine Fettpfanne zur Hälfte mit Wasser füllen und in den Backofen schieben. Den Backofen vorheizen. Ober-/Unterhitze: etwa 120 °C, Heißluft: etwa 100 °C.

5. Den Gurkensud nochmals mit abgespülten und trocken getupften Limettenblättern und dem Currypulver aufkochen. Die eingeschichteten Gurken und Zwiebeln damit übergießen, sodass die Gurken ganz bedeckt sind. Die Gläser sofort mit Twist-off-Deckeln® verschließen. Die Gläser in die vorbereitete Fettpfanne stellen. Die Gurken etwa 35 Minuten einkochen (sterilisieren).

6. Die Gurken 3–4 Wochen an einem kühlen, dunklen Ort ziehen lassen.

Tipp: Für eine besondere Würze können den Currygurken noch 1 Esslöffel Senfkörner und einige Pimentkörner hinzugefügt werden.

••

Insgesamt: E: 18 g, F: 5 g, Kh: 274 g, kJ: 5608, kcal: 1338, BE: 17,5

Exotische Fruchtpickles

Klassisch

3 Gläser je 500 ml

500 g Ananas-Fruchtfleisch
(von 1 großen Ananas)

je ½ Bio-Zitrone und Bio-Limette
(unbehandelt, ungewachst)

1 Kantalup-, Netz- oder
Honigmelone (etwa 600 g)

Für die Weißweinlösung:

500 ml Weißwein

130 g Zucker

1 Stange Zimt

¼ TL gem. Ingwer

1 Pck. Einmachhilfe

Zubereitungszeit: 50 Minuten
Haltbarkeit: kalt, dunkel gestellt und
gut verschlossen etwa 6 Monate

1. Ananasfruchtfleisch in kleine, dünne Stückchen schneiden. Zitrone und Limette heiß abwaschen, abtrocknen und in dünne Scheiben schneiden. Melone halbieren, entkernen, das Fruchtfleisch mit einem Kugelausstecher herauslösen oder das Fruchtfleisch mit einem Messer herauslösen und in Würfel schneiden.

2. Für die Weinlösung Weißwein mit Zucker, Zimtstange und Ingwer in einem Topf zum Kochen bringen und etwa 5 Minuten kochen lassen, Zimtstange entfernen.

3. Ananasstückchen, Zitronen- und Limettenscheiben hinzugeben, wieder zum Kochen bringen und etwa 1 Minute kochen lassen. Melonenkugeln oder -würfel hinzufügen und weitere etwa 5 Minuten bei schwacher Hitze ziehen lassen.

4. Die Früchte mit einem Schaumlöffel herausnehmen und in vorbereitete Gläser geben.

5. Die Weinflüssigkeit wieder erhitzen. Den Topf von der Kochstelle nehmen, Einmachhilfe unterrühren. Die Früchte mit der heißen Weinflüssigkeit übergießen, sodass sie bedeckt sind. Erkalten lassen.

6. Die Gläser nach dem Erkalten mit Twist-off-Deckeln® sofort verschließen.

Verpackungstipp: Die Gläser auf ein Tablett stellen, eine Baby-Ananas, Zitronen und Limetten darauflegen oder in einer Schüssel mit Zitronen und Limetten anrichten.

••

Insgesamt: E: 8 g, F: 2 g, Kh: 254 g, kJ: 6133, kcal: 1466, BE: 21,0

Zitrusfrüchte, eingelegt

 Raffiniert

etwa 750 ml

1–2 Bio-Limetten (etwa 120 g, unbehandelt, ungewachst)

1–2 Bio-Zitronen (etwa 150 g, unbehandelt, ungewachst)

1–2 kleine Bio-Orangen (etwa 225 g, unbehandelt, ungewachst)

5 Limequats (unbehandelt, etwa 75 g)

5 Kumquats (unbehandelt, etwa 75 g)

50 g grobes Salz

½ kleines Bund Zitronenthymian

einige Zweige Rosmarin

250 ml Olivenöl

½ EL rosa Pfefferbeeren

Zubereitungszeit: 30 Minuten, ohne Durchziehzeit
Haltbarkeit: kühl und dunkel gestellt etwa 6 Monate

1. Limetten, Zitronen und Orangen heiß abwaschen, abtrocknen und in etwa ½ cm dicke Scheiben schneiden oder nach Belieben vierteln oder achteln. Limequats und Kumquats ebenfalls gründlich waschen, abtrocknen und halbieren.

2. Die Fruchtstücke in ein hohes Gefäß schichten, dabei jede Schicht mit Salz bestreuen. Das Gefäß mit Frischhaltefolie zudecken. Die Fruchtstücke etwa 15 Stunden durchziehen lassen.

3. Die Fruchtstücke in ein Sieb geben, gut abtropfen lassen, auf ein Backblech geben, mit Küchenpapier trocken tupfen und anschließend in vorbereitete Gläser schichten.

4. Thymian und Rosmarin abspülen, trocken tupfen. Olivenöl mit Pfefferbeeren, Thymian und Rosmarin mischen. Die eingeschichteten Zitrusfrüchte mit dem Olivenöl auffüllen, mit Frischhaltefolie (ohne Deckel) zudecken, dunkel und kalt gestellt etwa 10 Tage vor dem Verzehr durchziehen lassen.

Tipps: Nach Entnahme einzelner Fruchtstücke darauf achten, dass die restlichen Fruchtstücke immer mit Olivenöl bedeckt sind. Reichen Sie die eingelegten Zitrusfrüchte zu gegrilltem Fleisch und Fisch oder als fruchtige Beilage zu Salaten. Das Olivenöl kann z. B. für Salatsaucen verwendet werden.

••

Insgesamt: E: 5 g, F: 257 g, Kh: 40 g, kJ: 10557, kcal: 2520, BE: 3,5

Tipp: Die Crème mit dem Karamell eine Woche durchziehen lassen. Der Karamellgeschmack zieht nach und nach auch in die Creme.

Crème caramel

Süße Überraschung

etwa 3400 ml (12 Weckgläser
[Sturzgläser] je 250 ml Inhalt)

Für den Karamell:
600 g Zucker
225 ml Wasser

Für die Crème:
2 l Milch
2 Vanilleschoten
Salz
200 g Zucker
12 Eier (Größe M)
6 Eigelb (Größe M)

Zubereitungszeit: 20 Minuten
Haltbarkeit: im Kühlschrank
etwa 6 Wochen

1. Für den Karamell Zucker und Wasser in einem Topf zum Kochen bringen und bei mittlerer Hitze kochen lassen. Während der Kochzeit den anhaftenden Zucker immer wieder mit einem nassen Pinsel vom Topfrand lösen. Zucker zu hellbraunem Karamell kochen. (Achtung: Karamell nicht dunkel werden lassen, es wird sonst bitter!) Den Topf von der Kochstelle nehmen. Karamell 3–4 Minuten abkühlen lassen.

2. Karamell in vorbereitete Sturzgläser füllen.

3. Für die Crème Milch in einen großen Topf geben. Vanilleschoten der Länge nach aufschneiden und das Mark mit dem Messerrücken herauskratzen. Vanillemark und -schote mit 1 Prise Salz zu der Milch in den Topf geben, erhitzen und etwa 10 Minuten bei schwacher Hitze ziehen lassen.

4. Eine Fettpfanne in den Backofen schieben und zu zwei Dritteln mit heißem Wasser füllen.

5. Den Backofen vorheizen. Ober-/Unterhitze. etwa 140 °C, Heißluft: etwa 120 °C.

6. Zucker mit den Eiern und Eigelb in einer Rührschüssel gut verrühren, aber nicht schaumig schlagen. Dann die noch heiße Vanillemilch nach und nach unter die Eiermasse rühren.

7. Die Crememasse durch ein feines Sieb in einen Topf gießen und anschließend auf dem Karamell in den Gläsern verteilen. Jeweils Gummiring und Deckel nass auf den gesäuberten Glasrand legen, mit Bügel oder Feder verschließen.

8. Die Gläser in die vorbereitete Fettpfanne in den vorgeheizten Backofen stellen (bei Heißluft im unteren Drittel). Crème Karamell etwa 80 Minuten garen.

9. Die Gläser mit der fertigen Crème mithilfe von Kochhandschuhen aus der Fettpfanne nehmen. Die Gläser abkühlen lassen und in den Kühlschrank stellen.

10. Zum Servieren die Gläser öffnen, mit einem schmalen Messer die Crème jeweils vom Glasrand lösen und auf Teller stürzen.

Insgesamt: E: 14 g, F: 14 g, Kh: 75 g, kJ: 2028, kcal:485 , BE: 6,5

Ketchup, Pesto und Senf

Zum würzigen Verfeinern fertiger Speisen

Curry-Ketchup

BBQ-Sauce (Barbecue-Sauce)

(Im Foto links)

Gut vorzubereiten

etwa 750 ml

150 ml starker Kaffee
(Espresso oder Mokka)

½ Gemüsezwiebel

½ kleines Bund Petersilie

½ TL Sambal Oelek

500 ml Tomatenketchup

Zubereitungszeit: 20 Minuten,
ohne Kühlzeit
Durchziehzeit: etwa 1 Tag
Haltbarkeit: gekühlt 3–4 Wochen

1. Kaffee zubereiten und kalt stellen. Zwiebelhälfte abziehen und in sehr kleine Würfel schneiden.

2. Petersilie abspülen und trocken tupfen. Die Blättchen von den Stängeln zupfen. Blättchen klein schneiden.

3. Den Kaffee in eine Schüssel gießen. Zwiebelwürfel, Petersilie, Sambal Oelek und Ketchup hinzufügen. Die Zutaten gut verrühren.

4. Die Sauce in vorbereitete Gläser oder Flaschen füllen, fest verschließen und kalt stellen. Sauce durchziehen lassen.

5. Die BBQ-Sauce kann schon nach einem Tag verwendet werden.

Insgesamt: E: 13 g, F: 2 g, Kh: 128 g, kJ: 2489, kcal: 594, BE: 10,0

Tipps: Die Sauce darf bei keinem Barbecue fehlen. Sie eignet sich besonders gut zu gegrilltem Fleisch und zum Bestreichen von gebackenen Spareribs. Oder als Dip zu Frittiertem reichen.

••

Curry-Ketchup

(Im Foto rechts)

Schnell

etwa 750 ml

300 ml Wasser

½ EL Currypulver (indisch)

1–2 EL Zucker

½ TL Paprikapulver rosenscharf

½ TL Sambal Oelek

500 ml Tomatenketchup

Zubereitungszeit: 25 Minuten
Haltbarkeit: gekühlt 3–4 Monate

1. Wasser in einen Topf geben. Curry, Zucker, Paprika und Sambal Oelek hinzufügen, zum Kochen bringen.

2. Den Topf von der Kochstelle nehmen. Ketchup einrühren und unter ständigem Rühren bei schwacher Hitze etwas einkochen lassen.

3. Der Curry-Ketchup kann sofort verwendet werden oder den Ketchup in vorbereitete Gläser oder Flaschen füllen und fest verschließen.

Tipp. Der Curry-Ketchup passt gut zur klassischen Currywurst.

••

Insgesamt: E: 11 g, F: 2 g, Kh: 146 g, kJ: 2769, kcal: 661, BE: 12,0

RHABARBER-
KETCHUP MIT
SULTANINEN

Beerenketchup mit Zimt und Minze

(Im Foto links)

 Raffiniert

etwa 1 ¼ l

2 kg frische Beeren,
z. B. Brombeeren

800 g Zucker

600 ml Weißweinessig

½ TL gem. Gewürznelken

½ TL gem. Piment

1 Stange Zimt

3 Zweige Minze

Salz

gem. Pfeffer

Zubereitungszeit: 45 Minuten
Haltbarkeit: gekühlt und dunkel
gestellt etwa 4 Wochen

1. Beeren verlesen, abspülen, mit Zucker, Essig, Nelken, Piment und Zimtstange in einem Topf unter ständigem Rühren bei schwacher Hitze zum Kochen bringen, zugedeckt bei mittlerer Hitze etwa 1 Stunde kochen lassen, dabei ab und zu umrühren.

2. Zimtstange entfernen. Die Beerenmasse durch ein feines Sieb streichen oder durch eine Flotte Lotte (Passiermühle) geben. Den Beerensaft (Ketchup) dabei auffangen.

3. Minze abspülen und trocken tupfen. Die Blättchen von den Stängeln zupfen. Blättchen in feine Streifen schneiden und unter den Beerensaft (Ketchup) rühren. Mit Salz und Pfeffer abschmecken.

4. Den heißen Beerensaft (Ketchup) sofort in vorbereitete Gläser füllen und mit Twist-off-Deckeln® verschließen.

Tipps: Beerenketchup passt gut zu gereiftem Hartkäse mit kräftigem Geschmack.

••

Insgesamt: E: 24 g, F: 18 g, Kh: 915 g, kJ: 16844, kcal: 4022, BE: 76,5

Rhabarberketchup mit Sultaninen

(Im Foto rechts)

 Etwas Besonderes

etwa 8 Drahtbügelgläser je 500 ml

1 kg frischer Rhabarber

4 rote Zwiebeln

400 g Sultaninen

175 ml frisch gepresster Orangensaft

1 l Rotweinessig

400 g brauner Zucker

1 TL Pimentkörner

1 TL schwarze und braune Senfkörner

Salz

gem. Pfeffer

Zubereitungszeit: 50 Minuten
Durchziehzeit: etwa 4 Wochen
Haltbarkeit: gekühlt und dunkel
gestellt etwa 6 Wochen

1. Rhabarber abspülen, abtropfen lassen, Stielenden und Blattansätze entfernen. Rhabarberstangen abziehen. Stangen in etwa 2 cm lange Stücke schneiden. Zwiebeln abziehen und in kleine Würfel schneiden.

2. Rhabarberstücke mit Zwiebelwürfeln, Sultaninen, Orangensaft, Essig, Zucker, Piment-, Senfkörnern, Salz und Pfeffer in einen großen Topf geben. Unter Rühren bei schwacher Hitze zum Kochen bringen, zugedeckt bei schwacher Hitze etwa 90 Minuten kochen lassen, dabei ab und zu umrühren (Masse soll musig sein).

3. Die Ketchupmasse anschließend durch ein feines Sieb streichen oder durch eine Flotte Lotte geben. Ketchup mit Salz und Pfeffer abschmecken und heiß in vorbereitete Drahtbügelgläser füllen. Jeweils Gummiring und Deckel nass auf den gesäuberten Glasrand legen und verschließen. Rhabarberketchup kalt gestellt etwa 4 Wochen durchziehen lassen.

Tipp: Zu gegrilltem Fleisch oder als Würzsauce in pfannengerührten Speisen und Reisgerichten reichen.

••

Insgesamt: E: 22 g, F: 4 g, Kh: 701 g, kJ: 13341, kcal: 3197, BE: 56,5

Pflaumen-Schalotten-Ketchup

Mit Alkohol

2 Flaschen je 500 ml oder
4–5 Gläser je 200 ml

1 kg Pflaumen

250 g Schalotten

2 Knoblauchzehen

80 g frischer Ingwer

abgeriebene Schale von 2 Bio-
Orangen (unbehandelt, ungewachst)

125 ml Rotwein

1 EL Essigessenz (25 % Säure)

150 g brauner Rohrzucker

4 getrocknete, zerriebene
Chilischoten oder abgetropfte,
eingelegte Chilischoten
(aus dem Glas)

1 TL gem. Muskatblüte (Macis)

1 TL gem. Zimt

etwas gem. Gewürznelken

Salz

Zubereitungszeit: 75 Minuten
Durchziehzeit: etwa 1 Woche
Haltbarkeit: gekühlt etwa 3 Monate

1. Pflaumen abspülen, abtropfen lassen, entstielen, halbieren und entsteinen.

2. Schalotten und Knoblauch abziehen, in Würfel schneiden. Ingwer schälen und in Würfel schneiden. Orangen heiß abwaschen, abtrocknen und die Schale abreiben. Die vorbereiteten Zutaten mit den Pflaumenhälften in einen Topf geben.

3. Rotwein, Essigessenz, Rohrzucker, Chilischoten, Muskatblüte, Zimt, Nelken und Salz hinzugeben. Die Zutaten zum Kochen bringen und zugedeckt etwa 15 Minuten bei schwacher Hitze kochen lassen, dabei ab und zu umrühren.

4. Den Deckel abnehmen. Die Masse unter weiterem, gelegentlichem Rühren etwa 30 Minuten einkochen lassen.

5. Die Gemüsemasse anschließend durch ein feines Sieb in einen Topf streichen (am besten mit dem Passierstab des Mixers oder einem Löffel) oder pürieren. Die Ketchupmasse erneut aufkochen und mit den Gewürzen abschmecken.

6. Ketchup sofort randvoll in vorbereitete Gläser/Flaschen füllen. Gläser/Flaschen mit Twist-off-Deckeln® verschließen. Gläser umdrehen und etwa 5 Minuten auf den Deckeln stehen lassen.

Tipps: Zu Wild oder gebratenem Fisch reichen. Wer nur kleine Mengen verbraucht, sollte den Ketchup gleich in kleinere Gläser oder Flaschen abfüllen. Der Ketchup sollte vor dem ersten Verzehr etwa 1 Woche durchziehen. Angebrochener Ketchup hält sich im Kühlschrank 8–10 Tage.

••

Insgesamt: E: 14 g, F: 4 g, Kh: 288 g, kJ: 5595, kcal: 1335, BE: 23,5

Tomaten-Paprika-Ketchup

 Für Kinder

etwa 4 Gläser je 200 ml
1 kg Fleischtomaten
8 mittelgroße Zwiebeln
100 g Knollensellerie
je 250 g rote und grüne
Paprikaschoten
100 g brauner Zucker
1 gestr. EL Salz
1 TL Paprikapulver edelsüß
1 TL Cayennepfeffer
1 TL gem., schwarzer Pfeffer
125 ml Weißweinessig
1 Pck. Einmachhilfe

Zubereitungszeit: 70 Minuten
Durchziehzeit: etwa 7 Tage
Haltbarkeit: gekühlt und
dunkel gestellt etwa 6 Monate

1. Tomaten abspülen, trocken tupfen und die Stängelansätze herausschneiden. Zwiebeln abziehen, Sellerie putzen, schälen, abspülen und abtropfen lassen. Paprikaschoten halbieren, entstielen, entkernen und die weißen Scheidewände entfernen. Schoten abspülen und abtropfen lassen.

2. Das vorbereitete Gemüse in Stücke schneiden, mit Zucker, Salz, Paprika, Cayennepfeffer, Pfeffer und Essig in einem Topf zum Kochen bringen und zugedeckt etwa 45 Minuten dünsten. Die Gemüsemasse anschließend durch ein Sieb streichen.

3. Die Gemüsemasse nochmals so lange kochen lassen, bis eine dickliche Masse entstanden ist. Ketchup mit den Gewürzen abschmecken. Einmachhilfe unterrühren.

4. Den Ketchup sofort randvoll in vorbereitete Gläser füllen. Gläser mit Twist-off-Deckeln® verschließen, umdrehen und etwa 5 Minuten auf den Deckeln stehen lassen.

Tipps: Basilikumpesto zu Nudeln oder Tomaten mit Mozzarella reichen.

Basilikumpesto

Klassisch

etwa 250 ml

3–4 Knoblauchzehen

1 gestr. TL Salz

50 g Pinienkerne

8 EL gehackte Basilikumblättchen

100 g ger. Pecorino-
oder Parmesan

200 ml kalt gepresstes Olivenöl

Zubereitungszeit: 20 Minuten
Haltbarkeit: im Kühlschrank
etwa 6 Wochen

1. Knoblauch abziehen, mit Salz, Pinienkernen und Basilikumblättchen im Mörser so lange zerstoßen, bis eine cremige Masse entstanden ist. Oder die Zutaten in einen hohen Rührbecher geben und mit einem Pürierstab pürieren, bis eine cremige Masse entstanden ist.

2. Käse hinzufügen und unterarbeiten. Zuletzt Olivenöl unterrühren.

3. Pesto in vorbereitete Gläser füllen. Gläser mit Twist-off-Deckeln® verschließen.

Insgesamt: E: 46 g, F: 260 g, Kh: 8 g, kJ: 10521, kcal: 2513, BE: 0,5

Bärlauchpesto

Würziger Genuss

etwa 400 ml

Für das Bärlauchpesto:

2 Bund Bärlauch (etwa 90 g)

50 g Pinienkerne

100 ml Olivenöl

50 ml Keimöl

120 g fein geraspelter Parmesan

Salz

gem. Pfeffer

Zubereitungszeit:
25 Minuten, ohne Abkühlzeit
Haltbarkeit:
im Kühlschrank etwa 7 Tage

1. Für das Pesto Bärlauch putzen, abspülen, trocken tupfen oder -schleudern und klein schneiden. Die Pinienkerne in einer Pfanne ohne Fett unter Rühren goldbraun rösten, herausnehmen und auf einem Teller abkühlen lassen.

2. Pinienkerne, Olivenöl und Keimöl in einem hohen Rührbecher fein pürieren. Bärlauch hinzugeben, nochmals kurz pürieren. Parmesan unterrühren. Mit Salz und Pfeffer würzen.

Insgesamt: E: 50 g, F: 212 g, Kh: 7 g, kJ: 8821, kcal: 2107, BE: 0,5

Tomatenpesto
(Foto)

 Klassisch

etwa 150 ml

150 g getrocknete Tomaten in Öl

3 Knoblauchzehen

1 Bund Basilikum

20 g Parmesan

30 g gehobelte Mandeln

100 ml Olivenöl

Salz

gem. Pfeffer

Zubereitungszeit: 20 Minuten
Haltbarkeit: im Kühlschrank
etwa 3 Wochen

1. Tomaten in einem Sieb abtropfen lassen. Knoblauch abziehen und durch eine Knoblauchpresse drücken. Basilikum abspülen und trocken tupfen. Die Blättchen von den Stängeln zupfen. Parmesan fein reiben.

2. Tomaten, Mandeln und Basilikumblättchen sehr fein hacken oder pürieren und in eine Schüssel geben. Knoblauch, Parmesan und Olivenöl hinzugeben und untermischen. Mit Salz und Pfeffer würzen.

3. Tomatenpesto in ein vorbereitetes Glas füllen. Das Glas mit einem Twist-off-Deckel® verschließen.

Tipps: Tomatenpesto passt gut zu Fisch, Fleisch und Gemüse.
••

Insgesamt: E: 26 g, F:133 g, Kh: 40 g, kJ: 6136, kcal: 1466 , BE: 3,0

Sesampesto

 Klassisch

1 Glas etwa 200 ml

2 Bund glatte Petersilie

1 Bund frisches Basilikum

3 Knoblauchzehen

50 g Sesamsamen

1 EL Butter (zimmerwarm)

100 ml kalt gepresstes Olivenöl

40 g ger. Parmesan

Salz

gem. Pfeffer

Zubereitungszeit: 25 Minuten
Haltbarkeit: im Kühlschrank 3–4 Tage

1. Petersilie und Basilikum abspülen, trocken tupfen. Die Blättchen von den Stängeln zupfen. Blättchen klein schneiden.

2. Knoblauch abziehen, grob hacken und in eine Schüssel geben. Petersilie, Basilikum, Sesam und Butter unterrühren. Olivenöl unterschlagen, Parmesan unterrühren. Pesto mit Salz und Pfeffer abschmecken.

Tipps: Pesto in ein gut schließendes Glas füllen, Olivenöl daraufgeben, sodass das Pesto gut bedeckt ist. Das Glas verschließen und in den Kühlschrank stellen. Pesto hält sich dadurch etwas länger.
••

Insgesamt: E: 24 g, F: 154 g, Kh: 9 g, kJ: 6291, kcal: 1503, BE: 0,5

Ringelblumenpesto

(Foto)

Schnell

ergibt 350–400 ml

1 Knoblauchzehe

Blütenblätter von
15–20 Ringelblumen

3 EL geröstete Cashewkerne

Saft von ½ Zitrone

200 ml Olivenöl

30 g ger. Parmesan

Salz

gem. Pfeffer

1 Prise Zucker

Zubereitungszeit: 10 Minuten
Haltbarkeit:
im Kühlschrank etwa 7 Tage

1. Knoblauch abziehen und durch eine Knoblauchpresse drücken. Die Ringelblütenblätter vorsichtig abspülen und trocken tupfen. Knoblauch, Blütenblätter, Cashewkerne, Zitronensaft und Olivenöl in einen hohen Rührbecher geben und mit einem Pürierstab fein pürieren.

2. Parmesan unterheben (nicht mehr pürieren). Pesto mit Salz, Pfeffer und Zucker abschmecken. Falls das Pesto nicht die gewünschte Konsistenz hat, noch etwas Olivenöl unterrühren.

Insgesamt: E: 18 g, F: 229 g, Kh: 17 g, kJ: 9082, kcal: 2169, BE: 1,5

Tipps: Ringelblumenpesto passt sehr gut zu grünen Nudeln. 1 Teelöffel gehackte Petersilie unter das Pesto rühren.

••

Steinpilzpesto

Raffiniert

1 Glas etwa 150 ml

10 g getrocknete Steinpilze

125 ml heißes Wasser

30 g Pinienkerne

1 Knoblauchzehe

100 ml kalt gepresstes Olivenöl

1 Stängel Pfefferminze

50 g ger. Parmesan

1 gestr. TL Gemüsebrühe

Salz

gem. Pfeffer

Zubereitungszeit:
35 Minuten, ohne Einweichzeit
Haltbarkeit:
im Kühlschrank etwa 7 Tage

1. Steinpilze in ein Sieb geben, mit kaltem Wasser abspülen, in eine Schale geben, mit heißem Wasser übergießen und etwa 20 Minuten einweichen. Pinienkerne in einer Pfanne ohne Fett goldbraun rösten, abkühlen lassen.

2. Knoblauch abziehen und in kleine Würfel schneiden. Steinpilze in einem Sieb abtropfen lassen, dabei das Einweichwasser auffangen. Steinpilze klein hacken.

3. Einen Esslöffel des Olivenöls in einem kleinen Topf erhitzen. Knoblauchwürfel darin andünsten. Gehackte Steinpilze mit dem Einweichwasser hinzugeben und etwa 5 Minuten dünsten.

4. Minze abspülen und trocken tupfen. Die Blättchen von dem Stängel zupfen. Blättchen grob zerschneiden.

5. Steinpilze, Pinienkerne, Minze, Parmesan, restliches Olivenöl und Brühe in einen hohen Rührbecher geben und pürieren. Pesto mit Salz und Pfeffer abschmecken.
6. Steinpilzpesto in ein vorbereitetes Glas füllen und mit einem Twist-off-Deckel® verschließen.

Tipp: Falls die Pestomasse geronnen ist, sie in einem kleinen Topf unter Rühren erwärmen (nicht kochen) und wieder erkalten lassen.

••

Insgesamt: E: 26 g, F: 131 g, Kh: 4 g, kJ: 5359, kcal: 1279, BE: 0,5

Möhrenpesto

 *Raffiniert*

etwa 1 ½ kg
200 g Sonnenblumenkerne
4 Knoblauchzehen
1 kg Möhren
Salzwasser
300 ml Olivenöl
½ Bund Petersilie
1 TL Sambal Oelek
1 TL flüssiger Honig
125 g frisch ger. Parmesan
Salz
gem. Pfeffer

Zubereitungszeit: 20 Minuten,
ohne Abkühlzeit
Haltbarkeit: im Kühlschrank
etwa 1 Monat

1. Sonnenblumenkerne in einer Pfanne ohne Fett unter Rühren goldbraun rösten, herausnehmen und auf einem Teller erkalten lassen. Den Knoblauch abziehen und durch eine Knoblauchpresse drücken.

2. Möhren putzen, schälen, abspülen, abtropfen lassen und in kleine Stücke schneiden. Möhrenstücke mit Salzwasser bedeckt zum Kochen bringen und zugedeckt in 15–20 Minuten weich kochen.

3. Möhrenstücke in einem Sieb abtropfen und erkalten lassen. Möhrenstücke mit den Sonnenblumenkernen und 250 ml Olivenöl in einen hohen Rührbecher geben und mit einem Pürierstab pürieren.

4. Petersilie abspülen und trocken tupfen. Die Blättchen von den Stängeln zupfen. Blättchen klein schneiden. Sambal Oelek, Honig, Parmesan, Knoblauch und die Petersilie unter das Möhren-Sonnenblumen-Püree rühren, mit Salz und Pfeffer abschmecken.

5. Pesto in vorbereitete Gläser füllen. Die Oberfläche glatt streichen und mit dem restlichen Olivenöl bedecken. Die Gläser mit Twist-off-Deckeln® verschließen. Pesto kühl und dunkel stellen.

Tipp: Klein gehackte, schwarze Oliven unter das Pesto rühren. Gibt dem Möhrenpesto ein mediterranes Flair.
••

Insgesamt: E: 99 g, F: 392g, Kh: 137 g, kJ: 18554, kcal: 4429, BE: 11,5

Selleriepesto

(Foto)

Raffiniert

ergibt 300 ml

40 g Pinienkerne

10–12 Blättchen Selleriegrün

2–3 Knoblauchzehen

100 ml Olivenöl

gem. Pfeffer

1 Prise Zucker

Saft von ½ Zitrone

50 g ger. Parmesan

Salz

Zubereitungszeit:
20 Minuten, ohne Abkühlzeit
Haltbarkeit:
im Kühlschrank etwa 7 Tage

1. Pinienkerne in einer Pfanne ohne Fett unter Rühren goldbraun rösten, herausnehmen, auf einen Teller geben und abkühlen lassen.

2. Sellerieblättchen abspülen, trocken tupfen und grob zerkleinern. Knoblauch abziehen. Olivenöl, Sellerieblättchen, Knoblauch, Pinienkerne, Pfeffer, Zucker und Zitronensaft in einen hohen Rührbecher geben und mit einem Pürierstab zu einer cremigen Masse pürieren. Parmesan unterrühren (nicht mehr pürieren). Evtl. mit Salz abschmecken.

Tipp: Der intensive Geschmack vom Selleriepesto verträgt sich gut mit Pasta oder Gnocchis sowie gebratenem Fisch.

••

Insgesamt: E: 26 g, F: 137 g, Kh: 8 g, kJ: 5681, kcal: 1357, BE: 0,5

Rucolapesto

Für Gäste

etwa 400 ml

1 Bund Rucola (Rauke, etwa 100 g)

50 g Pinienkerne

3 Knoblauchzehen

1 gestr. TL Salz

100 ml Olivenöl

50 ml Traubenkernöl

120 g fein geraspelter Parmesan oder Grana padano

gem. Pfeffer

Zubereitungszeit: 20 Minuten
Haltbarkeit:
im Kühlschrank etwa 7 Tage

1. Rucola putzen und die dicken Stiele abschneiden. Rucola abspülen, trocken tupfen und klein schneiden. Pinienkerne in einer Pfanne ohne Fett unter Rühren anrösten, herausnehmen und abkühlen lassen. Knoblauch abziehen.

2. Pinienkerne, Knoblauch, Salz, Olivenöl und Traubenkernöl in einem hohen Rührbecher fein pürieren. Rucola hinzugeben, nochmals kurz pürieren. Käseraspel unterrühren. Pesto mit Salz und Pfeffer abschmecken.

Tipp: Mit frischem Baguette oder Bauernbrot servieren. Rucolapesto eignet sich hervorragend für ein Vorspeisen-Buffet. Statt Rucola glatte Petersilie verwenden.

••

Insgesamt: E: 51 g, F: 213 g, Kh: 7 g, kJ: 8875, kcal: 2120, BE: 0,5

Senf, hausgemacht *(Grundrezept)*

 *Klassisch*

etwa 4 Gläser je 200 ml

je 250 g weißes und schwarzes Senfmehl

750 ml Weißweinessig

Saft von 2 Zitronen

1 EL Kräutersalz

1 ½ EL fein gehackte Estragonblätter

1 TL gem., schwarzer Pfeffer

je ½ TL Zimt und Gewürznelken, gem.

1 Prise ger. Muskatnuss

3 EL flüssiger Blütenhonig

1–2 Knoblauchzehen (im Mörser mit etwas Meersalz zerstoßen)

5 Schalotten oder 3 kleine Zwiebeln, fein gewürfelt

½ EL ger. Meerrettich

Zubereitungszeit: 25 Minuten, ohne Quellzeit
Durchziehzeit: mindestens 2 Wochen
Haltbarkeit: kühl und dunkel gestellt 2–3 Monate

1. Zum Vorbereiten Senfmehl mit Essig und Zitronensaft in einer Porzellan- oder Glasschüssel mischen, quellen lassen und je nach gewünschter Schärfe bis zu 7 Stunden handwarm temperieren (nicht zu milde machen, da die Schärfe des Senföls konservierend wirkt).

2. Kräutersalz, Estragon, Pfeffer, Zimt, Nelken, Muskat, Honig, Knoblauch, Schalotten- oder Zwiebelwürfel und Meerrettich unter die Senfmehlmasse rühren.

3. Senf in vorbereitete Gläser füllen und mit Deckeln verschließen. Den Senf mindestens 2 Wochen vor dem Verzehr in im Kühlschrank durchziehen lassen.

Tipps: Den Senf in vorbereitete Schraubverschlussgläser füllen und mit Twist-off-Deckeln® verschließen. Der Senf schmeckt vorzüglich zu frischem Brot mit Schinken. Oder nehmen Sie dieses Rezept als Grundlage für andere Senfsaucen, z. B. scharfe oder süße Senfsauce. Den Senf an einem warmen Ort temperieren, z. B. an der warmen Heizung.

••

Insgesamt: E: 122 g, F: 33 g, Kh: 305 g, kJ: 9047 , kcal: 2161, BE: 25,0

Hausgemachter süßer Senf

Schnell

1 Glas etwa 200 ml oder
2–3 kleine Gläser je 80–100 ml

45 g gelbes Senfmehl
(aus dem Glas)

80 g grünes Senfmehl
(aus schwarzen Senfkörnern)

Für die Essig-Zucker-Lösung:

125 ml Weißweinessig

125 ml Wasser

100 g Rohrzucker

Salz

Zubereitungszeit: 20 Minuten
Haltbarkeit: im Kühlschrank
etwa 4 Wochen

1. Beide Senfmehle mischen.

2. Für die Essig-Zucker-Lösung Essig, Wasser, Rohrzucker und Salz in einem Topf zum Kochen bringen. Senfmehlmischung hinzufügen und gut unterrühren.

3. Den Senf randvoll in vorbereitete, kleine Gläser oder in ein Glas füllen. Gläser/Glas mit Twist-off-Deckeln® verschließen. Die Gläser oder das Glas umdrehen und etwa 5 Minuten auf den Deckeln stehen lassen.

Tipps: Einige ganze Senfkörner unterrühren. Süßer Senf passt zu Weißwürsten und Leberkäse. Angebrochener Senf hält sich im Kühlschrank 8–10 Tage. Ideal sind kleine Schraubverschlussgläser von Kapern, eingelegtem Pfeffer o. ä. Gemahlenes Senfmehl gibt es in gut sortierten Supermärkten, Apotheken (auf Bestellung) oder im Reformhaus zu kaufen. Gegebenenfalls die ganzen Körner mit dem Mörser fein mahlen.

••

Insgesamt: E: 29 g, F: 8 g, Kh: 161 g, kJ: 3584, kcal: 857, BE: 13,5

Mohn-Marzipan-Senf

(Foto S. 122)

Raffiniert

etwa 1,8 kg

100 g Senfpulver

400 ml Obstessig oder weißer Balsamico-Essig

800 g Äpfel, süß-sauer
(von etwa 7 großen Äpfeln, vorbereitet gewogen)

300 g Zwiebeln

250 g Marzipan-Rohmasse

2 EL Speiseöl

½ Pck. Extra Gelierzucker 2 : 1

1 Msp. gem. Piment

1 Msp. gem. Zimt

50 g Blaumohn, ganz

Zubereitungszeit: 30 Minuten,
ohne Quellzeit
Haltbarkeit: kühl und dunkel gestellt
etwa 6 Monate

1. Senfpulver in eine Schüssel geben, mit dem Essig verrühren und über Nacht quellen lassen.

2. Äpfel schälen, vierteln und entkernen. Apfelviertel klein würfeln und 800 g abwiegen. Zwiebeln abziehen und in kleine Würfel schneiden. Marzipan in kleine Stücke schneiden.

3. Speiseöl in einem großen Kochtopf erhitzen. Die Zwiebelwürfel darin bei schwacher Hitze etwa 5 Minuten glasig dünsten. Apfelwürfel, Gelierzucker, Essig, Piment und Zimt hinzugeben.

4. Die Zutaten unter Rühren bei starker Hitze zum Kochen bringen und unter ständigem Rühren mindestens 3 Minuten sprudelnd kochen lassen. Den Topf von der Kochstelle nehmen.

5. Marzipanstücke, Mohn und Senf unter die heiße Apfelmasse rühren. Den Mohn-Marzipan-Senf sofort randvoll in vorbereitete Gläser füllen. Gläser mit Twist-off-Deckeln® verschließen, umdrehen und etwa 5 Minuten auf den Deckeln stehen lassen.

Insgesamt: E: 79 g, F: 135 g, Kh: 573 g, kJ: 16397, kcal: 3902, BE: 46,5

Tipps: Der feine Senf kann auch durch andere Senfsorten, z. B. Senf mit Honig und körnigen Senf ersetzt werden. Zusätzlich kann der Rhabarbersenf mit 200 g Sultaninen, 1 Päckchen Dr. Oetker Finesse Orangenschalen-Aroma oder mit der abgeriebenen Schale von 1 Bio-Orange (unbehandelt, ungewachst), ½ Teelöffel gemahlenem Ingwer und/oder ½ Teelöffel Currypulver verfeinert werden.

Pflaumensenf

Mit Alkohol

etwa 2 kg

100 g Colman's Senfpulver

300 ml Pflaumenwein

1 kg reife Pflaumen
(von etwa 1 ½ kg Pflaumen,
vorbereitet gewogen)

300 g rote Zwiebeln

2 Knoblauchzehen

2 EL Speiseöl

½ Pck. Extra Gelierzucker 2 : 1

100 g brauner Zucker

100 ml Sherryessig oder dunkler
Balsamico-Essig

1 TL gem. Piment

1 Msp. Chilipulver

Zubereitungszeit: 40 Minuten,
ohne Quellzeit
Haltbarkeit: kühl und dunkel gestellt
etwa 6 Monate

1. Senfpulver in eine Schüssel geben, mit dem Pflaumenwein verrühren und über Nacht quellen lassen.

2. Pflaumen abspülen, trocken tupfen, halbieren, entstielen und entsteinen. Pflaumenhälften in sehr kleine Stücke schneiden. Von den Pflaumenstücken 1 kg abwiegen. Zwiebeln abziehen und klein würfeln. Knoblauch abziehen und durch eine Knoblauchpresse drücken.

3. Speiseöl in einem großen Kochtopf erhitzen. Die Zwiebelwürfel und den Knoblauch darin bei schwacher Hitze etwa 5 Minuten glasig dünsten. Pflaumenstücke, Gelierzucker, braunen Zucker, Essig, Piment und Chili hinzugeben.

4. Die Zutaten unter Rühren bei starker Hitze zum Kochen bringen und unter ständigem Rühren mindestens 3 Minuten sprudelnd kochen lassen. Den Topf von der Kochstelle nehmen.

5. Den Senf unter die heiße Pflaumenmasse rühren. Pflaumensenf sofort randvoll in vorbereitete Gläser füllen. Gläser mit Twist-off-Deckeln® verschließen, umdrehen und etwa 5 Minuten auf den Deckeln stehen lassen.

Insgesamt: E: 33 g, F: 29 g, Kh: 529 g, kJ: 11162, kcal: 2651, BE: 43,0

Rhabarbersenf

Raffiniert

etwa 9 Gläser je 200 ml

1 kg Rhabarber (von etwa 1 ½ kg
Rhabarber, vorbereitet gewogen)

1 Pck. Extra Gelierzucker 2 : 1

1 Msp. gem. Zimt

50 ml Rotweinessig

½ TL Chiliflocken

300 g feiner Pommerysenf
oder anderer scharfer Senf

Zubereitungszeit: 25 Minuten,
ohne Ziehzeit
Haltbarkeit: kühl und dunkel gestellt
etwa 6 Monate

1. Rhabarber putzen, die Stielenden und Blattansätze entfernen. Rhabarberstangen abspülen, abtropfen lassen und in sehr dünne Scheiben schneiden – die Fasern des Rhabarbers sind dann besonders kurz und man erhält einen schönen glatten Senf. Von den Rhabarberscheiben 1 kg abwiegen und in eine große Schüssel geben. Extra Gelierzucker und Zimt gut unterrühren und zugedeckt über Nacht ziehen lassen.

2. Am nächsten Tag die Rhabarbermasse mit dem entstandenen Saft in einem großen Kochtopf mit Rotweinessig und Chiliflocken unter Rühren bei starker Hitze zum Kochen bringen. Die Zutaten unter ständigem Rühren mindestens 3 Minuten sprudelnd kochen lassen. Den Topf von der Kochstelle nehmen. Den Senf sofort unter das heiße Rhabarberkompott rühren.

3. Das Kochgut sofort randvoll in vorbereitete Gläser füllen. Die Gläser mit Twist-off-Deckeln® verschließen, umdrehen und etwa 5 Minuten auf den Deckeln stehen lassen.

Insgesamt: E: 24 g, F: 14 g, Kh: 519 g, kJ: 10029, kcal: 2364, BE: 43,5

Pilze, eingemacht

etwa 5 Gläser je 200 g

750 g Champignons (braune und weiße), 300 g Möhren, 2 Knoblauchzehen, 1 Zweig Rosmarin, 1,2 l Wasser,
2 EL Weißweinessig, 3 EL Meersalz, ½ TL Koriandersamen, 1 TL Pfefferkörner

Zubereitungszeit: 35 Minuten, Haltbarkeit: kühl und dunkel gestellt etwa 2 Wochen

1. Champignons putzen, kurz abspülen, trocken tupfen. Möhren putzen, schälen, längs halbieren und in etwa 2 cm lange Stücke schneiden. Knoblauch abziehen und halbieren. Rosmarin abspülen und trocken tupfen.
2. Wasser mit Essig, Meersalz, Koriander, Pfefferkörnern, Knoblauch und Rosmarin in einem großen Topf zum Kochen bringen. Champignons und Möhrenstücke hinzufügen, wieder zum Kochen bringen und etwa 5 Minuten bei schwacher Hitze kochen lassen.
3. Das Pilzgemüse (Rosmarin entfernen) in vorbereitete Gläser füllen, mit dem Sud übergießen, sodass das Gemüse ganz bedeckt ist. Die Gläser sofort mit Twist-off-Deckeln® verschließen. Pilzgemüse einige Tage durchziehen lassen.

Insgesamt: E: 33 g, F: 3 g, Kh: 24 g, kJ: 926, kcal: 221, BE: 1,5

Himbeer-Johannisbeer-Konfitüre

etwa 5 Gläser je 200 g

750 g Himbeeren (von etwa 800 g Himbeeren, vorbereitet gewogen), 250 g rote Johannisbeeren (von etwa 500 g Johannisbeeren, vorbereitet gewogen), 1 Vanilleschote, 1 Bio-Zitrone (unbehandelt, ungewachst),
500 g Extra Gelierzucker 2 : 1, evtl. 4 EL Obstbrand (Marille oder Birne)

Zubereitungszeit: 30 Minuten, Haltbarkeit: kühl und dunkel gestellt 3–4 Monate

1. Himbeeren verlesen, evtl. kurz abspülen, trocken tupfen, evtl. entstielen und 750 g abwiegen. Johannisbeeren putzen, abspülen, abtropfen lassen, entstielen und 250 g abwiegen. Himbeeren und Johannisbeeren mit einem Pürierstab grob zerkleinern.
2. Vanilleschote halbieren und das Mark herauskratzen. Zitrone heiß abwaschen, abtrocknen und die Schale mit einem Sparschäler dünn abschälen.
3. Himbeeren, Johannisbeeren, Vanilleschote, -mark und Zitronenschale in einem großen Kochtopf gut verrühren.
4. Die Zutaten unter Rühren bei starker Hitze zum Kochen bringen und unter ständigem Rühren mindestens 3 Minuten sprudelnd kochen lassen. Den Topf von der Kochstelle nehmen. Nach Belieben Obstbrand unterrühren. Vanillescho-te entfernen.
5. Das Kochgut evtl. abschäumen und sofort randvoll in vorbereitete Gläser füllen. Die Gläser mit Twist-off-Deckeln® verschließen, umdrehen und etwa 5 Minuten auf den Deckeln stehen lassen.

Insgesamt: E: 13 g, F: 3 g, Kh: 544 g, kJ: 9909, kcal: 2338, BE: 45,5

Petersilienpesto

etwa 200 ml

2 Bund krause Petersilie, 1 kleine Knoblauchzehe, 100 ml mildes Olivenöl, Meersalz,
50 g ger. Parmesan oder Pecorino, gem. Pfeffer

Zubereitungszeit: 30 Minuten, Haltbarkeit: im Kühlschrank etwa 7 Tage

1. Petersilie abspülen und trocken tupfen. Die Blättchen von den Stängeln zupfen. Blättchen grob hacken.
2. Knoblauch abziehen, halbieren und evtl. jeweils den grünen Keim entfernen. (Der Keim enthält den Großteil der ätheri-schen Öle, die für den unangenehmen Geruch verantwortlich sind.) Knoblauchhälften in feine Scheiben schneiden.
3. Olivenöl in einen hohen Rührbecher geben. Eine gute Prise Meersalz, Knoblauchscheiben und die Petersilie hinzufügen, mit einem Pürierstab gut pürieren.
4. Parmesan oder Pecorino fein reiben und mit einem Löffel unter die Pestomasse rühren. Mit Salz und Pfeffer abschmecken.

Insgesamt: E: 16 g, F: 115 g, Kh: 2 g, kJ: 4588, kcal: 1095, BE: 0,0

Ratgeber und praktische Tipps

Allgemeine Zubereitungsregeln

1. Nur Lebensmittel (Obst, Gemüse und Fleisch) von bester Beschaffenheit sind zum Einmachen geeignet.
2. Das Einmachgut muss so frisch wie möglich verarbeitet werden.
3. Achten Sie immer auf Sauberkeit, sowohl bei der Vorbereitung von Obst, Gemüse und Fleisch als auch bei der Verwendung von Einmachgeräten, Gläsern und Töpfen. Denn kleine Unreinheiten können den Inhalt zum Verderben bringen.
4. Reinigen Sie die Gefäße gründlich vor jedem Gebrauch in heißem Wasser unter Zusatz eines handelsüblichen Spülmittels. Spülen Sie sie in klarem heißen Wasser nach und lassen Sie die Gefäße umgedreht auf ein Geschirrtuch gestellt abtropfen und erkalten.
5. Das Kochgut wird direkt nach dem Kochen mithilfe einer Schöpfkelle und evtl. eines Einfüllringes oder Trichters in die vorbereiteten Gefäße gefüllt. Gläser mit Twist-off-Deckeln® müssen randvoll gefüllt und sofort verschlossen werden. Die Gläser danach sofort umgedreht etwa 5 Minuten auf den Deckeln stehen lassen. So ist wenig Luft im Glas und der Inhalt optimal vor Verderb geschützt. Anschließend das Einmachgut in den Gläsern erkalten lassen.

Lagerung von Eingemachtem

Lagern Sie Eingemachtes an einem kühlen, dunklen Ort. So ist es u. a. vor Farbveränderungen geschützt. Bewahren Sie angebrochene Gläser am besten im Kühlschrank auf und verbrauchen Sie den Inhalt bald.

Chutneys und Relishes

Die Geschmackskomponenten von Chutneys und Relishes – scharf, süss und sauer – harmonieren mit vielen Gerichten. Zur Zubereitung von Chutneys und Relishes benötigt man Essig, Zitrussäfte (Säure), Zucker (Süße) und Gewürze (Schärfe). Die Gewürze sollten möglichst frisch sein, denn sonst haben sie an Würzkraft verloren. Wichtige Gewürze für Chutneys und Relishes sind Senfkörner, Pfeffer, Cayennepfeffer, Paprikapulver edelsüß oder rosenscharf und Currypulver. Sie geben besondere Schärfe. Die aromatische Schärfe von Ingwer harmoniert besonders gut mit süß und sauer. Abgerundet wird der Geschmack z. B. durch Piment, Lorbeerblätter, Muskatnuss, Gewürznelken, Zimt und natürlich Salz.

Herzhaft Eingelegtes

Einlegen kann in einer Essig-Lösung oder in einer Essig-Zucker-Lösung erfolgen. Werden die Zutaten richtig dosiert, dann hindert die Säure nicht nur die in den Nahrungsmitteln enthaltenen Bakterien am Wachstum, sondern zerstört sie. Deshalb darf auf keinen Fall die in den Rezepten vorgeschriebene Essigmenge willkürlich herabgesetzt werden. Besonders gut eignen sich Wein-, Apfel- und Obstessig (zwischen 4 % und 7 % Essigsäure) zum Einlegen.

Allgemeine Hinweise zu den Rezepten

Lesen Sie bitte vor der Zubereitung – besser noch vor dem Einkauf – das Rezept einmal vollständig durch. Oft werden Arbeitsabläufe oder -zusammenhänge dann klarer.

Zutatenliste und Arbeitsschritte

Die Zutaten sind in der Reihenfolge ihrer Verarbeitung aufgeführt. Die Arbeitsschritte sind einzeln hervorgehoben, in der Reihenfolge, in der sie von uns ausprobiert wurden.

Zubereitungszeiten und Temperaturangaben

Die Zubereitungszeit ist ein Anhaltswert für die Dauer der Vorbereitung und die eigentliche Zubereitung. Längere Wartezeiten wie Kühl- oder Abkühlzeiten, Auftau- und Durchziehzeiten sind, sofern parallel keine weitere Tätigkeit erfolgt, nicht in der Zubereitungszeit enthalten. Die Gar- und Backzeiten werden in der Regel gesondert ausgewiesen. Die Temperaturangaben beziehen sich auf Elektrobacköfen. Die Temperatureinstellungsmöglichkeiten für Gasbacköfen variieren je nach Hersteller, sodass wir keine allgemeingültigen Angaben machen können. Bitte beachten Sie deshalb auch die Gebrauchsanleitung des Herstellers. Ein Backofenthermometer eignet sich dabei gut, um die Backofentemperatur im Blick zu haben.

Eingekochtes

1. Nur unbeschädigte Einkochgläser und Deckel verwenden. Andernfalls ist kein fester Verschluss gewährleistet.
2. Die Gummiringe (brüchige oder beschädigte Ringe aussortieren) einige Minuten in klarem Wasser kochen lassen, sie dann zur Verwendung in frisches, kaltes Wasser legen.
3. Vorbereitetes Gemüse oder Obst in vorbereitete Gläser schichten. Gewürze und weitere Zutaten ebenfalls einschichten.
4. Die Einkochlösung noch heiß über Gemüse und Obst gießen, dabei die Flüssigkeit nur bis 2 cm unter den Rand füllen. Mit breiartigem Einkochgut die Gläser nur etwa zu ¾ füllen.
5. Gummiring und Deckel nass auf den gesäuberten Glasrand legen. Die Gläser jeweils mit Bügel oder Klammern verschließen. Dabei darauf achten, dass sich die Gummiringe nicht verschieben.
6. Die Einkochgläser immer auf den Einsatz von Einkochtopf oder Einkochapparat stellen. Niemals direkt auf den Topfboden. Die Gläser sollen sich nicht berühren, da sie sonst springen können.
7. Wasser einfüllen, bis die Gläser zu ¾ ihrer Höhe davon umgeben sind. Gläser mit kaltem Inhalt mit kaltem oder lauwarmem Wasser, Gläser mit heißem Inhalt mit heißem Wasser aufsetzen.
8. Ein einwandfreies Thermometer, das bis in das Wasser hineinreicht, ist notwendig, um die Temperatur während des Einkochens einzuhalten.
9. Das Wasser darf nicht sprudelnd kochen, sondern nur ziehen.
10. Gläser nach der vorgeschriebenen Einkochzeit mithilfe von Topflappen aus Einkochtopf oder Einkochapparat nehmen und auf einem Rost oder Geschirrtuch abkühlen lassen. Erst dann Bügel oder Klammern entfernen und prüfen ob die Gläser fest geschlossen sind.

Abkürzungen	
EL =	Esslöffel
TL =	Teelöffel
Msp. =	Messerspitze
Pck. =	Packung/Päckchen
g =	Gramm
kg =	Kilogramm
ml =	Milliliter
l =	Liter
evtl. =	eventuell
geh. =	gehäuft
gem. =	gemahlen
ger. =	gerieben
gestr. =	gestrichen
TK =	Tiefkühlprodukt
°C =	Grad Celsius
Ø =	Durchmesser

Kalorien-/Nährwertangaben	
E =	Eiweiß
F =	Fett
Kh =	Kohlenhydrate
kJ =	Kilojoule
kcal =	Kilokalorien
BE =	Broteinheiten

Kapitelregister

Alphabetisches Register

Impressum

Für Fragen, Vorschläge oder Anregungen stehen Ihnen der Verbraucherservice der Dr. Oetker Versuchsküche Telefon: 0 08 00 71 72 73 74 Mo.-Fr. 8:00–18:00 Uhr, Sa. 9:00-15:00 Uhr (gebührenfrei in Deutschland) oder die Mitarbeiter des Dr. Oetker Verlages Telefon: +49 (0) 521 5206 50 Mo.-Fr. 9:00–15:00 Uhr zur Verfügung.
Schreiben Sie uns: Dr. Oetker Verlag KG, Am Bach 11, 33602 Bielefeld oder besuchen Sie uns im Internet unter www.oetker-verlag.de oder www.oetker.de.

Umwelthinweis
Dieses Buch und der Einband wurden auf chlorfrei gebleichtem Papier gedruckt. Die Einschrumpffolie – zum Schutz vor Verschmutzung – ist aus umweltfreundlichem und recyclingfähigem PE-Material.

Copyright
© 2012 by Dr. Oetker Verlag KG, Bielefeld

Redaktion
Carola Reich, Annette Riesenberg

Titelfoto
Thomas Diercks, Hamburg

Innenfotos
Walter Cimbal, Hamburg (S. 4, 6/7, 50/51, 60, 64, 68/69, 70, 74, 78, 80, 82, 84, 86, 90, 96, 98/99, 108, 114, 122)
Fotostudio Diercks, Christiane Krüger, Hamburg (S. 12, 14, 22, 32, 34, 38, 40, 48, 66, 88, 92, 106, 112, 116, 120)
Bela Hoche, Hamburg (S. 94)
Bernd Lippert (S. 58)
Axel Struwe, Bielefeld (S. 8, 18, 24, 26, 30, 42, 44, 46, 52, 54, 56, 100, 102, 118)
Norbert Toelle, Bielefeld (S. 16, 20, 28, 36, 104)
Brigitte Wegner, Bielefeld (S. 10, 62, 72, 76, 110)

Rezeptentwicklung
Olaf Brummel, Bielefeld

Rezeptberatung
Eike Upmeier-Lorenz, Hamburg

Nährwertberechnungen
Nutri Service, Hennef

Grafisches Konzept
fuchs-design, Sabine Fuchs, München

Satz
Final Art, Manfred Karg, München

Titelgestaltung
kontur:design, Bielefeld

Reproduktionen
Mohn Media Mohndruck GmbH, Gütersloh

Druck und Bindung
Druckerei Stürtz, Würzburg

ISBN 978–3–7670–0685–0